2024年度海南热带海洋学院人才科研启动资助项目
RHDRCSK202414）
中央支持地方高校改革发展省级重点学科建设项目（工
海南省国际海岛休闲度假旅游基地研究成果
海南热带海洋学院海上丝绸之路研究院研究成果

经济管理学术文库·管理类

可持续乡村旅游：
地方、空间与景观的三位一体模式

Sustainable Rural Tourism:
The Trinity Model of Place, Space and Landscape

薛　芮／著

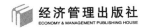

经济管理出版社
ECONOMY & MANAGEMENT PUBLISHING HOUSE

图书在版编目（CIP）数据

可持续乡村旅游：地方、空间与景观的三位一体模式／薛芮著. -- 北京：经济管理出版社，2024.

ISBN 978-7-5096-9839-6

Ⅰ．F592.3

中国国家版本馆 CIP 数据核字第 20243BX270 号

组稿编辑：杨　雪
责任编辑：杨　雪
助理编辑：王　蕾
责任印制：张莉琼
责任校对：王淑卿

出版发行：经济管理出版社
　　　　　（北京市海淀区北蜂窝 8 号中雅大厦 A 座 11 层　100038）
网　　址：www.E-mp.com.cn
电　　话：（010）51915602
印　　刷：北京晨旭印刷厂
经　　销：新华书店
开　　本：720mm×1000mm/16
印　　张：11.25
字　　数：208 千字
版　　次：2024 年 11 月第 1 版　　2024 年 11 月第 1 次印刷
书　　号：ISBN 978-7-5096-9839-6
定　　价：78.00 元

序

当下中国社会的发展需求已经逐渐提升至对美好生活的向往，旅游既是人们生活中常见的休闲方式，也是文化产业发展的重要组成部分。2012 年，《中国城市发展报告 No.5：迈向城市时代的绿色繁荣》显示，2011 年末，我国城镇常住人口首次超过了农村常住人口，"乡愁"越来越成为一种集体情绪，并且在城市化和工业化进程中，城市景观已越发同质化，而乡村在地方性的保存上相对完整，乡村已经成为重要的旅游目的地类型。中国乡村旅游虽然有着政府宏观政策的支持和引导，但是一直处于城乡社会经济发展不平衡的背景之下，整体来说，存在着生态环境质量危机、产业经济低效或粗放、文化本真性受损、空间秩序失衡、景观形式结构趋同等困境。由于旅游是以创造经济价值为主要功能的行为体系，乡村旅游过程中以经济目的为牵引的高强度人类活动很可能给乡村地域系统的生态环境带来威胁，迫使乡村地区的生态空间萎缩和生态功能损耗，最终威胁到乡村地域系统的可持续发展。而旅游产业又是乡村产业振兴的重要方式，结合乡村振兴战略和乡村地域系统可持续发展的背景，乡村旅游的可持续发展也成为学界和社会相关领域关注的重点。但"乡村旅游可持续发展"尚且不是国际概念术语，国际学界对"旅游可持续发展"的表述基本是"可持续旅游"或"可持续旅游发展"。乡村旅游自身的可持续发展与乡村地域系统的可持续发展息息相关，本书所关注的既包括乡村旅游要与乡村地域系统的可持续发展相一致，也包括乡村旅游自身实现长远的可持续发展，因此本书采用"可持续乡村旅游"作为表述，指向一种生态、经济、社会、文化之间的平衡与协调。

在当下不断加速的现代化和城市化进程中，可持续乡村旅游的本质联系着对"诗意地栖居"的渴望，承载着人们对与自然联结的诉求、对乡村景观的审美需求、对乡愁情感的寄托，同时也承载着推动乡村社会经济可持续发展的力量。进一步来说，承载起这些经济与精神需求的，是乡村旅游地根植于地方性的文化本真；使这些经济与精神需求得以以旅游产业方式运行的，是乡村旅游活动所牵涉的资本流通中追求空间正义的空间活化；使这些经济与精神需求能够在生态文明、经济发展、生活美好等多种情境下互融与联动的，是乡村旅游中涉及生态保护、视觉传达和文化表征的景观管理。

旅游既是一种经济活动，又是一种文化活动，乡村旅游的发展必然存在文化上的地方本真与资本上的空间正义之间的冲突。旅游活动在本质上是脱离日常生活或工作的行为，以体验非惯常环境（即旅游目的地）的异质性文化为目的。乡村旅游既是人们对某一乡村区域的异质性文化的感知和体验过程（这种"异质性文化"在学理上正是来自地方本真），也是文化本真性的体现。地方本真在乡村旅游发展中不可完全被理解为一种静态的或僵硬的名词性本质，它既强调乡村地方文化本真性在长久岁月中相对静态的文化遗产价值，也强调地方文化本真性形成于人们生产生活的动态进程，同时还具备一种以"本"（或者说"原"）的力量去凸显乡村地方文化真实的动词性质。地方本真是关于"人"的本真，是生长并展现在乡村原住民生产生活印迹中的本真，而旅游的经济活动属性又使乡村旅游的发展必然会面对资本规训的问题，需要在可持续发展中追求空间正义，不能为追求旅游产业的经济效果而一味地商业化，迫使乡村原住民外迁，挤占乡村原住民的生态与生产生活空间。乡村旅游活动是以乡村景观为感知与体验的对象，在生态环境上，景观紧密联系着乡村原住民的生产与生活空间；在文化表征上，景观是地方本真的静态投射和动态演化；在视觉审美上，景观是乡村旅游凝视的直接对象。乡村景观作为游客感知和体验的客体，不仅涉及地方本真的文化问题，还涉及空间生产的资本问题，因此景观管理是联动地方本真与空间活化的。

可持续乡村旅游的发展与管理是具有整体性和综合性特点的人地关系问题。目前国内学界对乡村旅游和其可持续发展的相关研究多集中于区域资源特色、产品开发与经营管理等视角，但乡村旅游的可持续发展涉及生态、社会、经济等众多领域，要分析如此宽泛的问题，就需要站到一种整体的且立体的位置，使用一种能够以综合性和整体性力量去提供方法论的工具。而要寻找这种工具，既需要立足于中国当下现实问题，也需要眺望学术前沿和借鉴西方研究成果；既需要学术经典的落地和应用，又需要开启创新的视角来融会贯通。

游客在乡村旅游中感知和体验的直接对象是乡村景观，乡村景观既是乡村地域系统人地关系的反映，也是可持续乡村旅游的实质问题的载体。从乡村旅游的经济活动属性来看，旅游场域的形成会引发乡村旅游地传统性与现代性的碰撞，在乡村由传统农业村落转向旅游目的地衍生的过程中，乡村的物质景观与非物质景观都可能"受到较大冲击、发生多重变化"。乡村特色资源的可持续利用、乡村自然生态环境与社会经济发展的和谐可持续发展、乡村文化本真性的可持续传承以及乡村旅游自身发展的可持续性，都需要在旅游的经济属性之外关注旅游发展过程中人地关系的失衡和异化，注重景观多样性的保护以及对乡村景观中蕴含的人文资源的保护，可见，有关乡村旅游的景观（也即"风景"）议题越发值得关注。

美国文化研究学者米切尔在《风景与权力》中提出了有关"地方、空间、景观三位一体"的理论观点，运用这三个概念范畴，可以从不同角度去审视乡村旅游的人地关系问题，去探讨可持续旅游的地方本真、空间活化与景观管理。并且，在这三个范畴中，景观是一种表述的媒介，表述着乡村旅游地的生态、生产与生活印迹。而起源于欧洲的景观管理思想拥有跨学科的研究视角，涉及极其宽广的学科范畴。当"可持续发展"成为人类社会21世纪议程的新关键词后，景观科学开始在成为实践可持续发展的综合性工具上崭露头角。景观管理可以被理解为一种可持续的景观保护和景观规划，兼顾区域经济发展和社会效益，涉及解决土地利用的失衡或冲突、自然保护与生产消费之间的对立，统筹维护景观的完整性、景观单元的连续性。景观管理是一门典型的横断科学，日常的防护林体系建设、退化草原修复、水土流失综合治理、森林培育、休耕和退耕还林等生态实践行动都是一种景观管理，城市中常见的基础设施更新、传统古建筑维护、新兴广场和购物中心建筑群的修建等也都是一种景观管理。

概括来说，在乡村旅游的相关研究中，有关空间和地方的问题已经被谈及且次数不少，但有关景观的问题还有着较大的谈论空间，景观科学以及起源于西方的景观管理思想既是深具潜力的研究平台和实践工具，也是探讨可持续乡村旅游的有力抓手。研究乡村旅游的地方本真、空间活化和景观管理的目的，一是在景观保护上规避或解决乡村景观的空壳化或标本化，促进乡村地域系统人与自然的和谐发展；二是在景观规划设计上规避或解决乡村旅游"千村一面"的景观同质化或空心化，提升乡村景观基于当地文化本真性的易辨性或易识性，加强乡村景观基于当地文化本真性的多元化或多样化。

因此，本书以"地方、空间、景观三位一体"的学说为理论资源，以西方学界的景观管理思想为借鉴，以梳理中国乡村旅游的当下情况为问题导向，论述可持续乡村旅游的三个理论维度，分析这三个理论维度在可持续乡村旅游上的实践，并将三条实践路径汇聚、落脚到景观管理这一研究平台与实践工具上，建构相对具有普适性的可持续乡村旅游景观管理理论模型，以期未来的中国乡村旅游研究与实践能够在具有相对普适性的理论模型基础上进行"一地一议"的景观管理。

此外，值得指出的是，虽然国内外学界都有学者区分出"文化景观"（或"人文景观"）的术语，但"文化景观"一词提出的初衷是强调经过人类活动干预或被人类文明转化的景观，用于作为与自然景观相对应的概念。然而事实上，当今地球表面很少有完全未受人类活动干扰的地方，因此任何景观之中几乎总是内含着附加在自然景观上的人类活动形态。尤其是在旅游研究的语境下，更是几乎没有完全未被人类行为干扰过的"自然景观"，因此本书也不会特地强调乡村人文景观或文化景观与自然景观的区别，有关可持续乡村旅游景观管理的对象即为广义的乡村景观。

立足于生态文明建设与人民福祉相关联的角度，本书深入关注乡村旅游在生态文明建设引导下的发展与管理，从地方、空间、景观三个维度分析可持续乡村旅游，力图从文化与资本的制衡来推动乡村旅游的可持续发展，使之进一步并流到"生产发展、生活富裕、生态良好"的社会建设之中，从而实现多个层面的理论和实践意义。

在理论层面，第一，景观管理是涉及对象广泛、具备跨学科力量的研究工具，但其起源于欧洲的理论背景需要结合我国实际去发展与运用，目前也有待将其夯实在我国旅游管理与生态文明建设的研究之中。第二，目前我国的乡村旅游研究相对缺少在人地关系视角上的整体理论模型，亟须找到合适的理论工具和切入点，建构符合未来发展方向的景观管理路径。因此本书在理论上将西方景观管理学说引入到中国乡村旅游研究之中，建构符合我国现实的理论模型，力图为我国景观管理研究的理论与实践增添内容。第三，乡村旅游的问题与困境以及可持续乡村旅游的内核，都以乡村地域系统的文化本真性为重要元素，因此，对地方本真和空间活化中文化与资本的矛盾的审视，以及从文化本真性出发的景观管理实践，都是人文地理和文化产业研究领域的再一步理论前进。

在实践层面，党的二十大报告对于我国社会主义现代化建设新征程中的乡村振兴问题再次进行了深刻论述和全方位部署，明确了乡村振兴战略在中国式现代化全局中的重要地位，也为新时期的"旅游赋能乡村振兴"提供了基本遵循和方向指引。乡村旅游与乡村振兴存在交互影响的耦合关系，其发展方向具有协调一致性，旅游产业能够带动乡村地区的产业融合，推动乡村从第一产业向第二、第三产业扩展和转型。本书在实践层面密切联系着我国的乡村振兴、新农村建设和生态文明建设等伟大事业，力图为其增添理论支撑和实践指南，在乡村振兴背景下，助力于通过文旅融合等途径夯实乡村文化振兴体系，推进乡村旅游在生态、社会、经济三层系统上的协同发展，达成旅游产业系统、乡村经济系统、社会系统、生态系统之间的协调和有机统一；在生态文明背景下，助力于挖掘乡村生态系统的文化服务价值、增强乡村文化软实力，使我国未来的乡村旅游发展与管理能够既具有中国特色，又与国际社会接轨。

同时，本书也力图实现三方面理论与实践的创新。一是多学科交叉下乡村旅游研究的理论体系创新。美国文化研究学者米切尔曾经论及地方、空间、景观三者的关系，但在我国学界，目前几乎难以看到有学者综合这三者进行整体视角的理论研究。事实上，"地方—空间—景观"都指向乡村旅游的可持续发展环境，也都投射着乡村被文化本真性主导的人地关系景象，这种"地方—空间—景观"三位一体的概念结构对乡村旅游的人地关系问题探究是合适的，对乡村旅游可持续发展的文化本真性问题的分析是有效的。本书正是受米切尔关于地方、空间、景观的相关论述的启发，使用地方、空间、景观三个概念维度审视乡村旅游人地关系，引入"地方—空间—景观"的理论体系去分析可持续乡村旅游的景观管理路径，去建构相对具有普适性的可持续乡村旅游景观管理模型。二是模型构建下乡村旅游的景观管理实践创新。起源于欧美的景观管理具有交叉学科的理论和思想视角，能够作为乡村研究或旅游研究的有力工具，但其在我国的理论与实践应用尚处于初步阶段，只有极少的相关研究是真正针对或真正应用西方景观管理学说的。本书则将乡村旅游的地方、空间、景观三个范畴的分析汇聚和落实到景观管理的理论平台上，建构具有相对普适性的乡村旅游景观管理理论模型，以此为工具去探究我国可持续乡村旅游的发展与管理，力图将景观管理进一步引入和应用到我国的乡村旅游实践之中。三是乡村振兴背景下乡村旅游可持续发展的研究视角创新。虽然乡村旅游一直是人文地理等众多学科领域的重点研究议题，但相关研究多是集中于某一案例地或针对某一个指标（或环节）的具体实证研究，从整体视角和立体视角出发的理论模型研究相对较少。本书则以相对整体和立体的视角审视中国可持续乡村旅游的发展与管理，尝试围绕可持续乡村旅游中的文化本真性，以景观管理为工具去探究乡村旅游发展，建构具有相对普适性的可持续乡村旅游景观管理理论模型。

　　总而言之，本书希望能够起到抛砖引玉的作用，呼吁未来乡村旅游的发展能够更加恰当处理乡村景观中文化本真性与商业性的角力，使乡村旅游能够在恰当的产业化助力下，依靠文旅融合的业态发展来推进乡村振兴，使中国乡土历史文化能够更好地传承与发展的同时，与现代文明和生态文明共融共生，期望能够在生态文明建设的国家战略背景下，为我国乡村旅游的相关研究与实践提供有益参考。

薛　芮

2024 年 3 月于海南三亚

目　录

1 乡村旅游的困境与突围

乡村旅游是乡村振兴的重要抓手，"一、二、三产业融合"和"农文旅融合"是乡村振兴的重要动力。在乡村振兴背景下，虽然中国乡村旅游发展正拥有强大的政策支撑，但仍存在一定的问题，存在地方、空间、景观不同方面的发展瓶颈和困境。审视乡村旅游的当下现实可知，乡村旅游要从困境中突围，需要寻找一种健康的发展道路，在本质上锚定方向、在范式上找准方向。

1.1 乡村旅游发展与研究现状

1.1.1 中国乡村旅游的兴起与发展

乡村是乡村旅游活动发生的背景环境。西方发达国家的社会业态结构较早从农业转向现代工业和服务业，其乡村空间地域功能也较早发生明显的消费转向，较早开始了全球化和逆城市化趋势。19 世纪中期，乡村旅游率先在欧洲的工业化和城市化背景下发展起来，其早期目的是解决乡村经济危机和乡村衰落问题，城市居民也是为了脱离工业城市的生活模式和环境污染而在闲暇时间到乡村度假，例如，欧洲的阿尔卑斯山地区、美国和加拿大的落基山脉地区都是较早的乡村旅游胜地。到 20 世纪 50 年代，乡村旅游开始在西方蓬勃发展，欧美国家出现了一系列的乡村旅游项目，例如法国的"假期绿色居所计划"、波兰的"波兰绿肺项目"、奥地利的"农场假期项目"等，乡村旅游对乡村经济发展的积极作用也得到广泛关注。

中国的乡村旅游萌发于 20 世纪 80 年代后期，有力地增加了乡村地区的财政收入，推进了乡村的就业和民生改善。从"乡村"这一乡村旅游的背景环境来说，中国的乡村发展存在三个不同阶段，即 1978～2004 年的解决温饱阶段、2005～2020 年的小康建设阶段和 2021～2050 年的实现富裕阶段（郭远智、刘彦随，2021），改革开放后的工业化和城市化进程使农业、农村、农民都发生了重大变化，推动着乡村地域系统由单一性农业系统转向多功能乡村系统，再转向融合型城乡系统。中国的乡村转型受到宏观政策和工业化、城市化等综合因素的影响，随着人地系统的要素、结构、功能的相应转变，乡村产业结构趋向融合，乡村空间趋向多元化，涉及传统产业升级、就业方式变化、消费结构重建等多重内涵。乡村旅游一方面发生在乡村转型的背景下，另一方面也是乡村转型的驱动力。

乡村旅游是相对于城市旅游来说的旅游类型。在全球化和逆城市化的背景趋势下，20 世纪末，我国城市居民在工业化进程中开始出现逆城市化的生活思想，回归田园的乡村意象越发浸入旅游需求之中，以"农家乐"为特色的乡村旅游雏形开始出现。中国乡村旅游的兴起以 20 世纪 80 年代四川省的第一家农家乐为标志，其历史发展经历了产业萌芽、产业发展、快速扩张、提质增效的不同阶段，经历了自主经营、合作经营、股份合作经营、市场混合经营的不同模式（李涛，2018），逐渐发展出农家乐、度假村、生态农业观光区或示范区等丰富的业态类型，概括来说，中国乡村旅游的历史发展存在两种最基本模式：一种是以农家乐、渔家乐或民俗村为代表的模式；另一种则是以政府为主导的景区化模式。

进入 21 世纪以来，城市化的快速发展促使城乡间各类要素的大规模流动，乡村旅游在推进实现小康社会上越发显示出重要作用。普遍来说，贫困山区与旅游资源在全球都具有高度空间叠置性（Sofield et al.，2004），在党的十九大报告提出"乡村振兴战略"后，乡村振兴与乡村旅游的耦合关系也更加受到众多学者的关注。从乡村内部社会经济发展的视角来看，旅游产业是乡村经济的新发展形式，提供给乡村原住民更多新的生计方式，同时也防止了乡村人口向外迁移，维护了乡村的社会结构稳定和文化景观本真性等（Muresan et al.，2016）。对于日益膨胀的城市人口来说，乡村旅游满足了城市居民回归自然的休闲游憩需求。可以说，乡村振兴背景下的乡村旅游发展是众多群体的共同诉求。

而中国乡村旅游的兴起和发展处于城乡经济发展不平衡的背景之下，与扶贫旅游也密切相关，有着宏观政策的支持和引导。2006 年的"中国乡村旅游年"将乡村旅游纳入城乡统筹体系，为乡村旅游提出了"新农村、新旅游、新体验、新时尚"的发展标语；2007 年，国家旅游局、农业部发布了《关于大力推进全国乡村旅游发展的通知》，开始探索乡村旅游发展的各种模式和路径；2007 年之后的多个中央"一号文件"都提出发展乡村旅游是繁荣农村的重要途径和新兴支柱产业；2009 年，国家旅游局发布《全国乡村旅游发展纲要（2009—2015 年）（征求意见稿）》；2018 年，国家又相继出台了《促进乡村旅游发展提质升级行动方案（2018 年—2020 年）》和《关于促进乡村旅游可持续发展的指导意见》。显然，政府的推动作用是乡村旅游系统运转的重要外部动力。在政府的支持和引导下，当前乡村旅游的政策变迁是由政府规划、旅游市场、原住民（旅游东道主）情况、旅游管理部门等多个因素共同影响的。近年来，乡村旅游的产品开发已经从资源导向转向市场导向，设施建设的重点已经从基础设施过渡到服务设施，要素配置已经从行政主导转向了社会支持（姚旻等，2021）。

　　旅游产业自身具有极佳的融合性和关联性，是乡村转型重构的重要动力。乡村旅游产业正是将传统农业与旅游业相结合的新型产业，因此能够将乡村生态优势转化为经济优势，从而也成为乡村振兴的驱动力。从乡村内部视角来说，乡村旅游是推进产业融合的典型产业业态，是实现乡村振兴的重要驱动力和有效途径，能够通过旅游业推动乡村发展所需的信息、资本、技术、人才等要素的丰富与流动，进而推动乡村地区第一、二、三产业的融合发展，促进农业转型和农民增收；也能够通过旅游规划和管理，调整土地利用功能、优化土地利用布局、提高土地利用效益；同时也有助于乡村文化的传承与发展。从乡村外部视角来说，乡村旅游能够在城市化和全球化时代，为城市居民提供亲近自然的休憩和愉悦方式，释放城市居民的乡愁情绪，满足回归田园的精神休憩需求，修复城市生活压力带来的焦虑。

　　总体来说，乡村是乡村旅游活动发生的环境，旅游系统与乡村地域系统间具有"耦合联动、内联外通、互促共融的关系"（龙井然等，2021）。乡村旅游在优化乡村产业结构、缩小城乡差距、促进城乡文化交流等方面发挥着重要的积极作用，既是以金山银山反哺绿水青山的积极实践，也是对中国历史传统文化中尊重自然与天人合一思想的积极传承，还是对当下时代生态文明的消费理念和生活方式的积极响应。而在人类社会由农业文明迈向工业文明的进程中，工业化和城市化发展不断加剧对农业、农村、农民的巨大冲击，呈现城市的"膨胀化"和乡村的"凋敝化"，可能造成乡村地域系统的空心化、人才与劳动力双重流失、农业生产力落后、乡村经济乏力、公共服务水平和宜居性低等问题。因此中国的乡村振兴和乡村旅游发展都需要从中国国情出发并以现实问题为导向，将国外先进理论和实践的经验与本国的当下现实相衔接，避免因乡村旅游的不当发展对乡村地域系统的生态环境资源造成负面影响，同时也需要注重乡村地域系统的生态环境、资源禀赋、经济基础、基础设施等因素对乡村旅游发展与管理的影响。

1.1.2 乡村旅游研究的焦点与现状

国外对乡村旅游问题的系统研究始于 19 世纪 70 年代，研究焦点覆盖环境、经济、社区、大众游客与乡村旅游活动的关系，包括乡村旅游的概念与特点、政府在其中的作用、旅游资源质量、旅游动机、市场细分与营销、评价标准等。

根据 Web of Science 数据库信息，国外的乡村旅游研究主题大致可分为居民认知与态度、游客行为特征、乡村发展模式、可持续发展、乡村旅游影响、乡村旅游资本六类（王金伟等，2021），围绕乡村旅游提出了许多新概念或研究视角，如后现代视角下强调"意义的生产"（The Production of Meanings）的后乡村（Post-Rural）概念（Murdoch and Pratt，1993）、乡村性的社会表征等（Halfacree，1993），而乡村旅游对乡村的多元化影响也已有着丰富的研究成果。在国外的乡村旅游研究中，凸显着土地利用、空间重构与相关利益主体的密切关系。再围绕着多元主体，从乡村旅游供给角度来说，相关研究讨论集中于乡村原住民和外来经营者（或旅游企业）在旅游参与中的行为模式、感知态度，包括小型旅游企业与原住民的权力关系情况，以及旅游移民、季节性劳工如何参与和融入乡村旅游的发展等。从乡村旅游需求角度来说，相关分析多集中于游客的旅游动机、消费模式、行为和体验等方面，由外部力量和内部因素共同引导着乡村旅游的消费转向。

国内乡村旅游的研究内容也是遍布环境、社会、经济、美学等各个维度，在研究方法上既有理论性研究，也有针对各个具体案例地的质性研究或量性实证研究。从整体视角来说，已有学者从承载"乡愁"的环境、经济、民生要素来建构乡村旅游发展的指标体系（肖黎明等，2021），或采用多变量交互作用的清晰集定性比较分析方法，探索影响乡村旅游发展理论逻辑的牵引条件组合（余润哲等，2021），或基于乡村旅游构建城乡循环修复的"主体流动—要素循环—双向修复"的逻辑结构（孙九霞、王学基，2021），又或基于一体化乡村旅游（IRT）框架，探究乡村旅游协同发展的内在基础、阶段特征、驱动机制、实现路径等（包乌兰托亚、高乐华，2021）。从外部视角来说，有学者构建了乡村旅游动机、旅游涉入、游后行为的结构方程模型（冶建明等，2021），或基于复杂性理论的模糊集定性比较分析方法，构建乡村原住民的旅游满意度影响因素模型（许娟、程励，2020），或基于游客体验的视角，构建了政府对乡村旅游发展绩效的影响机制等（黄玖琴，2021）。从乡村旅游发展的内部视角来说，有学者分析影响乡村居民获得感的有效因素并将其作为乡村旅游有效开发的决策依据（黄和平等，2020），提出乡村旅游热点识别方法用于乡村旅游资源开发与区域合作研究（荣慧芳、陶卓民，2020），建立贝叶斯时空模型去探究乡村旅游公共服务发展水平、演化速度和其影响因素、作用机制（高楠等，2021），或基于胁迫生态理论研究旅游发展对乡村文化的影响等（徐冬等，2020）。

关于乡村旅游带来的影响，国内学界的相关研究多围绕着乡村旅游与城乡发展的关系，以及乡村旅游与乡村振兴的有效衔接。前者是指旅游驱动下的乡村城市化过程，包括乡村空间重构与功能升级等。后者是指乡村旅游对乡村振兴、新农村建设和精准脱贫的驱动及发展模式。例如，有学者从生产要素、效应导向、目标导向等视角探讨乡村旅游驱动乡村振兴的内在机理（向延平，2021）；通过分析乡村振兴与乡村旅游体系的相互关系与作用机制，构建乡村振兴与乡村旅游评价指标体系，借助耦合协调模型分析乡村振兴与乡村旅游的耦合特征（董文静等，2020）；或采用内生转换回归模型去分析乡村旅游对农户多维贫困的影响机理（黎洁等，2020）；还有一些学者引入共生理论，探讨共生理论嵌入乡村旅游生态系统的机理（彭淑贞、吕臣，2020），基于共生理论分析乡村旅游的利益冲突、构建治理机制（唐献玲，2020），探讨乡村旅游精准扶贫模式、利益主体共生模式等问题（王庆生等，2019）。

在实证研究上，我国已有大量学者针对具体的乡村旅游案例地进行量性研究或质性调研。例如，有学者运用泰尔指数、核密度和标准差椭圆等方法考察黄河流域乡村旅游发展情况（肖黎明等，2021）；有学者以西江千户苗寨为案例，基于波兰尼嵌入性理论，研究现代旅游经济的脱嵌与乡村社区旅游空间不正义的关系（王维艳等，2020）；有学者以湖南凤凰县为案例，分析乡村振兴与乡村旅游体系的相互关系与作用机制，构建乡村旅游评价指标体系（李志龙，2019）；有学者以丹霞山青湖塘村为案例，基于领域化理论，探讨多元主体的领域化行为对乡村旅游地社会空间变迁的影响（翁时秀、杨继荣，2020）；还有学者以浙江管头村为案例，基于锁定效应，探索乡村旅游产业的地域锁定机理（孙婧雯等，2020）；或以丽江束河古镇为例，探讨旅游开发背景下乡村社区景观价值的空间分布特征和结构变化（刘阳等，2021）；又或以贵州万峰林社区为案例，剖析乡村旅游扶贫中的相对剥夺问题（笪玲、刘晓鹰，2019）；再或以西安上王村为案例，探究旅游驱动下"城郊村"的土地利用与农户生计问题等（吴孔森等，2020）。由于我国拥有丰富的乡村旅游资源，当前在乡村振兴战略背景下，进行旅游产业开发的村落也数不胜数，因此学界的案例实证研究也不断丰富。

综合来说，通过文献研究可以发现，目前国内外学界的乡村旅游议题大概呈现以下三个方向：一是从社会经济角度探究乡村旅游对乡村地域系统的影响，这一方向多围绕着乡村旅游的空间生产和空间重构等问题；二是从文化遗产或人文历史角度讨论乡村旅游的地方资源，这一方向目前也会牵涉到乡村旅游地内外部视角的多元主体问题；三是从包括生态学和美学在内的综合角度研究乡村旅游可持续发展的综合评价，这一方向离不开乡村旅游的景观规划和景观保护问题。

（1）围绕乡村旅游的空间生产与空间重构问题

乡村旅游对乡村的多元化影响已有丰富的研究成果，而国内外在这一问题上的研究通常避不开乡村旅游地的空间正义、空间生产与空间重构，其研究视野和理论工具通常包括共生理论、利益相关者理论、可持续发展理论等。例如，王慧（2018）指出中国乡村的家庭生产环境存在"空间三重叠加"效应和"乡土二元分离"效应，乡村旅游地的可持续发展需要从旅游地生命周期和乡村空心化规律入手；翁时秀和杨继荣（2020）以丹霞山青湖塘村为例，基于领域化理论探讨了多元主体的领域化行为对乡村旅游地社会空间变迁的影响。

有关乡村旅游的空间生产和空间重构问题，相关研究也常常凸显着空间重构与相关利益主体的密切关系。在主体性问题上，国内外的乡村旅游研究包括供需角度或内外部角度。在供需上，供给角度集中于探讨乡村原住民和外来经营者（或旅游企业）在旅游参与中的行为模式、感知态度，包括小型旅游企业与原住民的权力关系情况，以及旅游移民、季节性劳工如何参与和融入乡村旅游的发展等；从乡村旅游需求角度来说，相关分析则多集中于游客的旅游动机、消费模式、行为和体验等方面，外部力量和内部因素共同引导着乡村旅游的消费转向。例如，从乡村旅游发展的外部视角来说，冶建明等（2021）建构了乡村旅游动机、旅游涉入、游后行为的结构方程模型；许娟和程励（2020）基于复杂性理论建构了乡村原住民的旅游满意度影响因素模型。从乡村旅游发展的内部视角来说，徐冬等（2020）基于胁迫生态理论研究旅游发展对乡村文化的影响等。

（2）围绕乡村旅游发展的地方资源问题

关于乡村旅游的地方资源问题，学界有不少从人文历史或文化遗产角度的关注。从旅游资源来说，乡村旅游的发展是基于地方化的自然资源和人文资源的共同吸引。例如，张娟娟（2017）指出了地方文脉在乡村旅游发展中的作用，需要根据乡村地方文化脉络来展示和传播乡村文化、激发乡村原住民自豪感等；周坤（2019）研究了乡村旅游的资本场域化问题，并提出乡村旅游场域下的地方资本的变迁和再生产等问题；贾衍菊等（2021）基于社会交换理论分析了地方依恋在乡村旅游发展的政府信任和原住民参与之间的正向调节作用；孙九霞等（2020）则指出乡村旅游能够释放乡村原住民的自主性，构建乡村地方和外部力量的互动场域。也不难发现，研究乡村旅游的地方资源问题不可避免地牵涉到乡村原住民的主体性参与。这是因为乡村旅游的地方资源是自然与人文资源的综合，其中自然资源是相对客观或物态化的存在，而人文资源则是有关能动主体的问题，因此使乡村旅游发展的地方化方向研究与其空间生产研究方向关联了起来。

（3）围绕乡村旅游景观保护与景观规划的综合评价

乡村旅游地作为游客观赏、感知和体验的一片风景，需要从生态环境和民生经济等多种维度来考量。而对乡村旅游发展的综合评价通常会以乡村风景作为切入点或入口，密切联系着乡村旅游地的景观规划和景观保护。例如，刘阳等（2021）以丽江束河古镇为例，编码归纳了当地旅游开发后的 7 种乡村景观价值类型，分析了当地景观价值类型和空间构成在乡村旅游开发前后的变化；罗文斌和雷洁琼（2020）提炼了乡村旅游景观维度，进行了乡村旅游景观高质量发展的定量评价；朱运海和曹诗图（2020）指出了乡村性的景观化表达对乡村旅游体验的影响，探讨了旅游规划技术手段对乡村性的景观化表达的作用。

综观目前国内外的乡村旅游研究，以上三个方向的研究内容事实上内在地联系着彼此：乡村的多维空间重构过程的实质被认为是乡村性的演化，西方地理学界将乡村性定义为由乡村原住民和迁入者、游客、旅游景点、政策制定者等主体共同发展出的社会表征，进一步从人文地理学来说，乡村性其实也是一种地方性的表现，是地方文化的本真（或者说原真）的内涵，地方本真意义上的乡村性又通过乡村的风景来传递。而地方本真在可持续乡村旅游中也是需要"发展"的，因此在可持续乡村旅游的议题上需要有新的思想注入，需要在学术探索上有生长空间。

1.2 异化的地方、空间与景观

中国的乡村旅游产业虽然初具规模，但是发展不平衡、不充分，并且乡村旅游发展在具有积极作用和意义的同时，也有可能导致生态环境质量下降、资源枯竭、乡村文化受损、土地利用错位、基础设施落后、管理体系粗放、商业开发无序、游客容量超标等一系列的问题。从文化本真性这一本质来审视，当下中国乡村旅游的发展困境正巧可以从地方、空间、景观三个方面进行归纳。

1.2.1 地方性的磨损或重置

地方性是不同乡村旅游业发展的特质所在，但当前的乡村旅游发展却容易出现地方性的磨损或重置。一方面，在乡村旅游产品开发中，部分乡村旅游开发方对地方性的本真性文化内涵理解和资源挖掘不深刻，削弱了乡村的旅游吸引力；另一方面，部分乡村旅游又存在过度开发的现象，以商业利益至上为驱动，导致模式化建构游客期待和偏好的趋向，使乡村原本基于地方性的发展思路被城市思维和工业化标准浸染，偏离或遮蔽了乡村自身客观真实的地方性。乡村旅游的过度开发问题也与政绩导向有关。部分乡村地区的旅游产业振兴被视为地方政绩的重要体现，因此导致招商引资与大规模工程建设被盲目放在首位，缺少具有地方性的旅游开发定位与规划，并在供给导向下造成需求缺失，忽略旅游市场的供需关系，并且盲目进行的低水平乡村旅游开发不符合现有的游客期待，流失了乡村的地方本真，不仅无法实现乡村旅游在休闲游憩和乡村振兴上的积极意义，还可能加剧乡村生态资源危机、打乱乡村生产生活的和谐，对乡村的人地系统造成破坏，挤占或掏空乡村空间。

例如，在一些以梯田项目为特色的乡村旅游地，民宿的建设和运营基本上是遵循高端酒店的商业化运营逻辑，于是那些"乡村民宿"成为在外观上凸显乡村性而内部配套城市化和现代化装置的景观。虽然乡村旅游的理想化发展确实是既传承"原生态"的乡村性，又接洽现代化的宜居性，但是如果只在乡村景观的外观上凸显地方性与乡村性，那么这类乡村景观是否单纯地沦为了一种视觉重构？是否仍能承载指向诗意地栖居的文化本真？又是否足以生成乡村旅游地的地理想象和地方感、承载当地的地方依恋？在乡村旅游地方性的磨损或重置中，乡村景观还是否足够表达当地的"家园"表征，是否足够承载游客有关"乡愁"的感知和体验，这都是需要引起注意和反思的问题。

1.2.2　空间的挤占或掏空

乡村转型覆盖乡村物质空间和社会空间的重构，旅游场域的形成进一步叠加了这种作用，在物质空间方面，容易"影响乡村建设用地的空间规律、聚落景观的格局演变"（陈燕纯等，2018），在社会空间方面，容易"影响乡村的社会空间特征、空间重构过程和驱动因素"（席建超等，2014），同时也出现了乡村空心化的问题。乡村的"空心化"自20世纪90年代开始引起国内学者的注意。部分乡村发生的"空心村"现象是指乡村原住民逐渐外迁，造成乡村内部原始民居大量闲置（韩非等，2010），在乡村新建筑规模盲目扩大的同时也造成乡村耕地面积的减少。城市化的发展使乡村劳动力越来越多地进入城市地域系统，但城市化的推进又未能与城乡统筹发展相协调，再加上市场经济在资本上的吸引力能有力"粘附"涌入城市地域系统的乡村人口，随之而来的是乡村人口的减少、乡村家庭的分离、乡村住宅的闲置、劳动力的流失和农业生产的萎靡，使乡村空心化进入恶性循环。有学者指出，从积极的方面来看，乡村空心化能够提供更多的土地资源、提高整体耕地利用率，有利于农业的集约化和规模化发展（王慧，2018）。但乡村主要青壮年劳动力人口的流失常常同时存在乡村"老弱病残孕"的滞留，以及乡村的生态环境治理、农业生产维持、基层自治管理、基础设施和公共服务维持等问题。

举例来说，在乡村的遗产化和旅游化作用下，山西省偏关县的岔道村曾于2008年和2013年进行两次大规模搬迁，但经调查研究，乡村原住民的搬迁并未显示出对当地乡村旅游和遗产保护的积极作用（国小凤等，2022）。又如，广东省西樵山七星村的桑基鱼塘曾经是基于水陆资源相互作用的农业生态模式，后来因城市化和工业化发展而逐渐消亡，虽然在如今的乡村旅游发展中，桑基鱼塘也得到了一定的保护和再开发，但是当今的"桑基鱼塘"农业景观在生态空间、生产空间、生活空间上的"三生"功能几乎不复存在，仅剩用于旅游观赏的零星示范点。当今桑基鱼塘的衰退并不仅是面积上的减少，还伴随大量乡村原住民举家迁离。

"人"是乡村旅游发展的主体，在旅游场域下，相关利益主体的问题始终影响着乡村旅游的空间生产。乡村旅游的发展仍处于整个社会城市化的大背景之下，城乡之间主体的流动性淡化了传统的城乡边界。地方政府、旅游企业、相关专家、外来游客等主体的介入改变了乡村原本相对单一的空间结构，使农业生产、文化传承、休闲娱乐、商品消费等诸多功能在空间上叠加。多元权力主体在空间中的相互作用有可能引发乡村文化的衰落和社会的分化，甚至造成乡村旅游"公地悲剧"等问题。

从宏观层面来说，一方面，在生态环境上，资本化的掠夺性旅游开发模式会使乡村出现更多旅游发展和生态环境之间的矛盾，干扰着乡村地区人地关系的和谐。另一方面，在社会经济上，以政府为主导的乡村旅游产业在组织管理、资源投入、政策指引上存在规划滞后和项目先行的问题，政府政绩主导也容易发生盲目开发、旅游产业与乡村发展耦合性偏离等情况，相关管理政策与保障措施不完善，缺少合理的利益分配机制，难免造成乡村的空间挤压或挤占，影响乡村原住民的生产与生活。

从中观和微观层面来说，原住民（即农户）既是乡村地域系统最基本的社会单元，也是乡村转型的最直接推动者，乡村旅游带来的所有影响都能够体现在原住民的生产生活变迁之中。首先，在我国乡村旅游发展过程中，部分地区的旅游开发现状属于农民个体经营，发展规模粗放、运营模式落后，部分地区的乡村原住民对旅游发展的认可与参与程度低，这些都会影响到乡村旅游在促进乡村社会经济发展上的潜能释放，继而影响着乡村空间生产上的变化。其次，乡村在旅游开发过程中难免存在利益分配不均的情况，旅游开发资本的进入也会改变原住民在乡村的原本主体地位，有可能引起原住民与旅游开发方的矛盾冲突，也有可能使乡村再次贫富分化。最后，随着乡村的旅游开发和资本流入，部分农户原本的田地可能因旅游开发被征收挤占而利益受损，部分中青年原住民可能因来自城市的资本或机会而选择外出务工。种种原因都难免造成乡村原住民的外迁，原住民的大量流失使乡村空间被掏空，呈现乡村旅游"空心化"的现象。

此外，乡村旅游本身是乡村空间商品化的表现形式。旅游场域的形成，使乡村的人居建筑、自然风光、历史文化等要素都具备了生产要素的属性，出现乡村空间的商品化现象（Cloke，1993）。乡村旅游空间的"空心化"除了指主体层面的空间挤占或掏空，也联系着乡村这一客体在被商品化的过程中，因地方性的磨损和遮蔽而失去地方本真的"空洞"，进而又密切联系着乡村景观因商业化而引发的同质化问题。

1.2.3 景观的同质化

旅游业的介入伴随着众多要素的流动，必然会对乡村的物质与非物质景观带来一定的冲击和变化（Shaw and Williams，1994），促使乡村的功能由从前单一的农业生产功能向旅游和环境保护功能转变，乡村景观也随之发生由生产景观向消费景观的转变（Cloke，2006），为城市居民或外国游客提供多元化的游憩商品和服务。乡村旅游发展的复杂性与其共生主体有关，如国家相关管理部门、地方政府、旅游企业、当地原住民、外来游客等。在各利益主体的角力过程中，资本的驱动可能使乡村旅游地的开发模式变得生搬硬套、机械复制，"跟风"或"逐利"的旅游发展路径又会加剧乡村景观的商品化延伸，使乡村的生活和生产景观逐渐消弭，使乡村景观的文化本真性流失，因缺少自身特色或创新性而变得同质化。

当然，乡村旅游并非是要彻底摒弃商业化，而是需要合理且制衡的商业化发展。部分乡村旅游地的旅游产业过密，一方面会导致乡村旅游中商业特质景观覆盖率过高；另一方面会使旅游产业被锁定在低水平阶段，仅有表面的规模扩张，却无内在的高质量和可持续发展，进而导致乡村旅游的市场吸引力和竞争力低下；同时会损害乡村原有的基础产业，影响乡村原住民的生计情况，继而因乡村原住民的生产生活质量下降而影响到乡村景观的发展与管理。

此外，相较由历史上的自然村发展起来的乡村旅游地，还有一些"特色小镇"是为了旅游而诞生。虽然这种特色旅游村镇对促进文化产业发展、传扬民族文化有着一定的积极意义，但是从地方本真来看，这种被"发明"出来的乡村景观是否具有文化真实？是否因缺失乡村原住民的生产生活而呈现"空壳化"特征？又是否具有乡村旅游可持续发展的生命力？例如，陕西省白鹿原·白鹿仓就是典型的景区式乡村旅游地，借"白鹿原文化"建设了白鹿原民俗村、簸箕掌民俗村等景观。配合着电视剧《白鹿原》的传播，当地旅游发展一度迅速升温，但是雷同的建筑风格和民俗小吃等同质化景观使其旅游产业发展好景不长，从顶流景区衰败成荒草丛生。可见，景观的同质化既紧密关系着乡村旅游的可持续发展，也紧密关系着乡村旅游地的地方本真与空间生产。

概括来说，乡村在旅游场域形成后容易存在商业化和"原生态化"的失衡，继而容易引发乡村景观的同质化问题，部分乡村旅游地的景观规划单纯追求视觉审美，忽视了乡村文化本真性的内涵，塑造出空壳化的乡村旅游景观，甚至忽视了生态系统规律的表达，不利于乡村人地系统的可持续发展。

1.3 重拾失落的地方本真

1.3.1 乡村旅游的本质回归及其哲学阐释

旅游活动发生的环境是一种非惯常环境，即不同于人们日常工作或学习、居住和人际交往的环境（张凌云，2009），乡村旅游活动的本质也即对城市生活而言的非惯常环境下的生活方式体验，这种非惯常环境的特点表现为乡村性（Rurality）。乡村性是与城市性（Urbanism）相对的概念，包含乡村自身的动态演化性和城乡之间的相对性（张小林，1998），解释其内涵便是"使乡村之所以成为乡村的条件"。乡村性是乡村旅游的吸引物和核心特征，以田园风光、村落景观、乡土文化为载体，其中，乡土文化又是乡村性的根本所在。空心化、去地方化、同质化的乡村旅游地缺少原住民生产生活中的文化本真性，其景观会缺少对乡村性的表达。

地理学、社会学、管理学等众多领域都讨论和诠释过乡村旅游为何需要乡村性、如何测度乡村性等问题。除此之外，乡村旅游语境下的乡村性在哲学意义上指向的内涵也十分值得体会与挖掘。

在现代化、全球化、城市化的推进下，人们关于"故乡"的记忆不断觉醒，乡愁情绪越发凸显。当代工业化和现代化的价值逻辑也使自然生态与文化生态都面临着危机，由人类与自然母体和历史文脉的疏离引发失去家园的迷惘（黄伟先、许科，2014），加剧了关于"乡愁"的情感需求，使"乡愁"或"怀旧"变成了集体心理。乡村的自然生态景观、充满乡土文化和地方文脉的人文景观都是乡愁的物质与非物质载体。乡村旅游在审美意义上的追求正联系着乡愁的感性表达。"美"是"积淀了社会内容的自然形式"（李泽厚，1981）。而旅游的哲学本质是通过地方和空间的跨越，欣赏异质化景观、体验异质性文化，实现在大地栖居的"身心自由体验"。换言之，旅游是人们栖居于大地之上感悟自由与和谐的生活方式。由此可见，人们在乡村旅游中所追求的是凝结了"乡村性"美的形式，蕴含着乡村人地关系互动的情感化表达，触发着人们对物质和非物质环境的依恋。尤其是在生态文明建设的背景之下，乡村性的深层寓意不同于城市化趋势中以消费主义为核心的拜物教化的生活方式，其是对栖居的意义的反思、回溯、追寻，乡村旅游发展的本质方向理应是回归那种对区别于城市化和工业化的诗意地栖居的追求。

"诗意地栖居"是哲学家海德格尔借用德国诗人荷尔德林的诗句所提出的。荷尔德林在《在柔媚的湛蓝中》一诗中写道："充满劳绩，但人诗意地栖居在这片大地上"，诗中的"诗意地栖居"意为"把人带向大地、使人归属大地"①。海德格尔将荷尔德林诗中的"返乡"解读为"返回到本源近旁"，而"本源"即是"家园"的代名词②，"诗意地栖居在这片大地上"也是一种对家园安居的感性表达，在乡村旅游语境下，正有关于乡愁的表达。

从海德格尔的存在主义哲学来看，"诗意地栖居"指人与万物"如其所是地存在"所达到的状态，描绘了一种人与大地自由而协调的"天人合一"的理想生存样式。"诗意地栖居"的栖居空间要素包括筑造、位置、物性（郭伟锋等，2019）。其一，筑造有两种类型，包括人类改造自然、实现交换价值的征服式筑造，以及指空间像生命一样自然进化的自然式筑造（柄谷行人，2010），在乡村旅游语境下，乡村旅游地的筑造主要指旅游规划和建设，但并不是所有的筑造之物都是栖居的本真之所在，因此乡村旅游中的商业性景观并不完全符合或真正符合诗意地栖居的内涵。其二，海德格尔也将空间划分成了两类，包括用于工具性生产场所的工具性空间和应合于物的特性的诗意性空间，而空间是"从位置那里获得其本质的"③，因此需要从物的位置研究其本源空间，物并非强调自身的位置，而是因为物而呈现出某个位置。其三，物性通过空间性呈现，空间是物自身的反应，赋予物一个对周围世界去蔽和澄明的过程，通过与人的照面而具有存在论上的意义，而物赋予空间神韵和气息等，通过空间映射出本真的境界。乡村的物性是农耕和收获、淳朴和自然，包含着天地自然和文化习俗，呈现人类集体记忆中的"根"，象征着历史传统意义上的"家园"。

结合乡村旅游的本质，"诗意"是对"栖居"的说明和限定，"栖居"是对人类主观能动性的凸显和放大。现代人们栖居的大地是被工业文明浸染的，诗意地栖居体现着主体对大地或外部世界的认知和调和，因此人需要以"居"的诗

① 海德格尔.海德格尔选集［M］.上海：上海三联书店，1996：468.
② 海德格尔.荷尔德林诗的阐释［M］.孙周兴，译.北京：商务印书馆，2000：24.
③ 海德格尔.演讲与论文集［M］.孙周兴，译.北京：生活·读书·新知三联书店，2005：163.

性精神，回归有着家或故土意义的"地方"，在现代世界中寻找地方本真。诗意地栖居体现着人对生命自由和谐的追求，旅游正可以被理解为一种对"诗意地栖居"的追寻之路，是人们学习诗意地栖居的生存方式的过程，是对诗意地栖居的短暂获得。尤其乡村旅游暗含着对乡愁的表达，指向"家园"的表征，因此诗意地栖居可以说是乡村旅游的一种本质动机和理想目的，乡村旅游的发展方向应是人们学会栖居和寻求诗意栖居的过程。非诗意栖居化的乡村旅游，是异化了本质的旅游，是工具理性驱使下的失去了"旅游"本真意义的纯商业活动，看似自由而随心地欣赏"美景"，实则受制于消费主义的拜物思想，困于"空壳化"的景观制造之中，其影响不仅抹杀了"乡村旅游"的积极意义，也破坏着乡村地域系统的可持续发展。要避免景观制造对乡村旅游积极意义的抹杀和乡村旅游对乡村地域系统可持续发展的破坏，就需要以可持续乡村旅游作为乡村旅游的发展范式，并通过地方本真来推动乡村旅游在"诗意地栖居"意义上的本质回归。

1.3.2 以地方本真推动可持续乡村旅游的本质回归

可持续乡村旅游范式既指向乡村旅游产业自身，又指向乡村地域系统，同时也指向旅游主体的感知与体验。旅游体验与旅游的本质、真实性等议题相交织，旅游体验也与现代性引起的断裂感之间有着密切关系，也即与人的异化相关，可持续乡村旅游提供了一种离开世俗世界的休憩，一种摆脱日常羁绊的本真的经历和体验。换言之，旅游体验的目的就是寻找真实。旅游虽然是追求愉悦的活动，但是旅游体验所揭示的本质并不止步于对愉悦的追求，也是对现实焦虑的缓解。约翰·厄里（John Vrry）所说的旅游的愉悦体验，本质是栖居的愉悦，是来自诗意地栖居的愉悦，而不是过度商业化后拜物教的愉悦。因此，乡村旅游的健康发展方向需要以真实为基础地去透射海德格尔诗意地栖居的内涵，去吻合我国生态文明建设的战略背景。

再具体来说，可持续乡村旅游的物质背景是有别于现代化大都市的田园风光和山林湖泽，这是大自然赋予的诗意空间，而乡村旅游的非物质背景是原住民们的农耕生产与生活，这是居于大地之上本真的、自然的、家园化的劳绩。因此诗意栖居化的乡村旅游并非是仅有风光如画的空心化景观，以乡村原住民为主体的生产生活景观才是其发展的重要内涵，其中的"劳绩"正是以乡村地区的文化生态为载体和寄托。从乡村旅游的内部视点来说，在寻找"诗意"前，首先要学会"栖居"，乡村原住民需要在乡村旅游的发展中找到一种和谐，方能"学会栖居"，进而"寻找诗意"。从外部视点而言，游客的乡村旅游活动是寻找诗意地栖居体验的过程，是并不排斥日常在城市中"充满劳绩地工作、学习与生活"，而同时又通过闲暇时的乡村旅游完成一种对自然与自由的追求的和谐，游客需要诗意栖居化的乡村旅游体验，正代表着游客对存在意义和本真状态的追求和感悟。无论是从内部视点还是从外部视点来看，乡村原住民生产生活上的"诗意地栖居"与乡村游客对"诗意地栖居"的体验，都需要依靠地方本真来推动，也就是要使可持续乡村旅游的发展不脱离乡村地方的文化本真性。

地方本真也即地方的文化本真性，与真实性、本真性和原生态文化等概念有着既相互联系又相互区别的内涵。本真性（Authenticity）在译法上也可称为"真实性"，是较难明确界定的概念，在不同语境有不同的解读与实践，其基本内涵有着"原初、真实、可信"的特点。本真性概念最早由欧文·戈夫曼（Erving Goffman）提出，早期多见于文化遗产或博物馆研究，被规定为检验世界文化遗产的重要原则，后来被迪恩·麦坎内尔（Dean MacCannell）引入了旅游研究。旅游研究中对本真性的探讨多源于旅游地的文化商品化或商业化现象，关注旅游者的动机与体验，旅游者的旅游动机正是对文化本真性体验的寻觅。

在乡村旅游语境下，地方本真在内涵上紧密围绕着人与自然最本质的相处，而从这种指向人与自然相处的内涵来说，与乡村文化本真性在表述上极其相近甚至容易混淆的是乡村原生态文化。近年来，原生态已经非常流行地见于原生态音乐、原生态舞蹈、原生态建筑、原生态旅游等表述，但由"原生态"衍生出的"原生态文化"事实上却存在着一定的概念误读或滥用。从生态学中的原生态内涵来看，原生态文化是"人类在农业生产的早中期为适应自然而创造的文化形态"（杨骏，2015），其内涵有着环境决定论的烙印，是群体在地理因素影响下形成的文化形态，因此原生态文化是一种相对自然的文化，这种相对自然体现在对自然的适应、生活与自然节律相结合的自然状态、文化未加雕琢的自然形态上，或者也可以说原生态文化是一种最接近自然、最接近原生态的文化。此外，原生态文化的"原生态"也被用来指真实生活中的文化原貌（韩成艳，2015），又或者可以理解为一种过去的存在（叶舒宪，2011）。然而，如果从人类社会和时代发展来看，狭义上的原生态文化几乎是与现代文明相悖的，"原生态文化的可持续发展"是不成立的。一方面，原生态文化常常是被界定的或被认为的一种身份识别和判定。当原生态文化被用来界定某一群体的文化形态时，这一群体将被无声地固着在固定的文化传统里，失去文化在本质上的流动、变通、多元等特质，也就与趋向现代文明的河流分道而行了。另一方面，原生态文化多是相对于"次生态"而言未经过人类开发或改造的文化形态，而真正的文化是动态的，任何文化形态都会随人类发展而发展、随人类活动而保持动态。尤其旅游是一种经济活动，乡村旅游的过程无可避免会存在商业化属性，从这一角度来说原生态文化在商业化下也是一种次生态文化。也就是说在当代社会，至少在当代乡村旅游语境下，不会有真正的原生态文化，因为浸透在游客的乡村旅游体验中的原生态文化必然是经过旅游产业的商业性影响的文化展现，人们所能接触到的原生态文化并不是完全未经过加工或改造的。显然，可持续乡村旅游需要原生态文化与现代文化的和谐共生与相互依存。

可持续乡村旅游所要瞄准的地方本真在一定程度上来说也有原生态文化之意，但绝非等同于社会上所流行的"原生态文化"一语，也并非直指僵硬的或荒野的"原生态"文化，它更接近一种对原生态文化的取舍，取乡村异域文化的旅游吸引力和其承载着集体记忆的民族认同或地方依恋，舍其物化的或固着的当地文化躯壳。也就是说，乡村旅游的地方本真主要指向区别于现代机器大生产的文化、能够投射关于"诗意地栖居"反思的文化、具有相对不可复制性的文化，是保留乡村生产生活印迹的、保留乡村原住民在历史长河中与自然互动痕迹的，其内涵是关于人类如何能动地体验、感知、应对自然生态系统，在地理环境中展现出特有的生存方式和生活智慧。如果从特征来辨析理解，地方本真在传统和现代的维度上是一种传统性文化，在乡村和城市维度上是一种乡村性文化，在农业和工业维度上是一种农业性文化。但是，并不能将地方本真简单理解为传统和现代、乡村和城市、农业和工业上的二元对立，地方本真是这些维度的一种辩证，它应是在未受现代化冲击的土生土长传统中面向现代化发展的文化，应是在农业文明的适应自然和改造自然过程中无法规避工业化发展"光线"的文化。概括而言，对地方本真的理解、应用与导向，应是取其诗学内涵，突出与自然相连接的本真性，而不是固化某一具体文化的镜像标本。

1.3.3 以可持续乡村旅游推动乡村振兴

可持续乡村旅游是以乡村地域系统的可持续发展为基础的系统性问题，其要义是乡村旅游在生态、社会、经济、文化上都能满足乡村地域系统的可持续发展，而如果乡村旅游发展中发生文化本真性的流失，既会影响乡村地域系统的生态状况，也会影响乡村当地社会生活和社会结构变迁，还会影响乡村旅游自身的生命力，进而减弱乡村旅游活动在经济和文化上对乡村振兴战略的积极推动力。

旅游是满足人类精神情感需求的综合型产业，是游客与其他主体邂逅和相遇的过程（陈晓亮等，2019），从现代性语境来说，旅游已经成为推动一地社会文化变迁和社会结构变更的重要因素。乡村旅游在实践层面上要围绕地方本真，也即围绕文化本真性来推动可持续旅游发展，以此作为突围乡村旅游当下困境的方向，既实现乡村旅游自身的可持续发展，又带动乡村地域系统的可持续发展，进而推动生态文明建设背景下乡村振兴战略的实施。

"可持续旅游"概念来自于全球可持续发展理念，是根据旅游业发展中日益突出的生态环境和社会经济问题提出的。可持续发展是涉及人类命运共同体的一种社会经济发展模式，起源于 1987 年世界环境与发展委员会发表的《我们共同的未来》，指既能满足当代人的需要，又不损害后代人满足其需求的能力的发展，其内容涵盖生态、社会和经济的可持续发展，有着公平性、持续性和共同性三大原则。公平性原则指代内和代际间机会和利益的均等发展，可持续性原则指人类活动与生态环境资源承载力的长远平衡，共同性原则指世界各国在不同的发展模式中持有共同遵循的公平性和可持续性原则。

根据世界旅游组织在 1993 年出版的《旅游业可持续发展——地方旅游规划指南》，以及由联合国教科文组织、联合国环境规划署等在 1995 年召开的"可持续旅游发展世界会议"上通过的《可持续旅游发展宪章》和《可持续旅游发展行动计划》，可持续旅游的理念既以维持文化完整和保持生态环境为前提，又能满足人们日益增长的社会、经济、审美需求；既能促进当代人的生计需求和休闲需求，又能保障后代人的相关利益。可见，可持续乡村旅游的内涵是指乡村旅游、乡村生态系统、乡村文化成为一个和谐发展的整体。可持续发展原则的普适性也适用于可持续旅游，即以环境限制性为基本原则，以其作为可持续目标实现的前提和保障；以经济可持续性为中心原则，以其衡量旅游收益的可持续性增长。

根据可持续发展的基本原则，可持续乡村旅游的三大原则分别是维持乡村生态环境的平衡性、提高乡村经济和社会及文化之间的协调性、保持乡村经济发展的可持续获得性。乡村旅游可持续发展的基础是旅游产业的开发能够满足乡村旅游地的社区发展需求；能够保障当地乡村社区的最大利益，符合相关利益者的长远利益需求，使游客、乡村原住民、旅游企业、政府等利益相关主体能够在乡村旅游中达成利益合作；同时也能够确保旅游产业的开发与经营不超过当地生态环境承载力。

可持续乡村旅游发生于乡村地域系统，需要以乡村地域系统的可持续发展为基础，可持续乡村旅游的目标可以归纳为三个方面：一是满足人们日益增长的乡村旅游需求，保障游客的乡村旅游体验；二是维护乡村旅游地的生态环境资源质量，保障乡村旅游地的竞争力和生命力，保障当代和后代人在旅游资源享用上代际公平；三是提高乡村旅游地原住民的生活福祉，以乡村旅游活动带动乡村地区的社会经济发展，保障旅游活动在经济效益上的公平与公正。可持续乡村旅游是对乡村旅游资源更新、再生、可持续等内涵的深化和拓展，是将乡村旅游资源转化为旅游产品，实现乡村传统景观和文化生态基于保护的再利用的过程，是在保存乡村传统文化要素的同时构建新的经济功能，以代替对乡村物质文化与非物质文化的静态标本式保护，使"传统"和"现代化"能够有机融合。

基于可持续乡村旅游的原则和目标，乡村旅游的健康发展方向将与乡村振兴有着天然的耦合。从人地关系角度来说，乡村振兴战略的根本目的是缓解城市化过程对乡村带来的负面影响，解决乡村发展的不充分与不平衡。乡村振兴的本质是乡村发展到一定阶段后向更高层次迈进的战略选择，需要综合研判乡村发展演化趋势，全面认知城乡耦合互动的逻辑关系。对此，我国乡村振兴战略在各项事业部署上被归纳为"五大建设"，分别对应"二十字方针"的总体要求：产业兴旺对应着经济建设、生态宜居对应着生态建设、乡风文明对应着文化建设、治理有效对应着政治建设、生活富裕对应着社会建设。乡村振兴规划中生产、生态、生活的"三生"表征点对应着农村、农业、农民的"三农"问题。可持续乡村旅游落实在本质上是以乡村地域系统的可持续发展为基础，而乡村地域系统的可持续发展也是乡村振兴的本质和目的。

1.4 以景观管理助推乡村旅游可持续发展

1.4.1 景观管理研究的发展与现状

景观研究在西方有着深厚的历史，其思想理念起源于 18 世纪下半叶的德国，相关研究十分注重地域系统的可持续发展。景观管理的发展在不同国家地域有着不同的方向特色。例如，欧洲与北美的景观演变就有着较大的差异，欧洲大陆的人与自然相互作用的历史更为长久，因此其景观管理以人类介入的属性为特征；而北美地区则以自然的"荒野"特色为主导，其景观生态学方法更偏重于生物生态学的传统，较为有代表性的是在国家公园建设上形成了一种具有荒野特色的景观管理模式。

自 20 世纪 90 年代以来，我国也开始逐渐在区域规划和城乡建设等方面引入景观理论，一些学者已经就国外景观管理学说做过介绍和分析。例如，刘颂和陈长虹（2010）解析了日本《景观法》在景观建设上的特征和作用，陶伟等（2010）梳理了康恩泽流派的西方城镇景观保护与管理情况等，刘玉和郑国楠（2014）综述了西方国家在城乡结合部景观规划与管理方面的国际经验，罗涛等（2020）梳理了德国景观规划的基本逻辑，并结合我国背景提出了应用实践的建议。而我国学界有时也将景观管理归入景观生态学之下，研究内容大多专注于景观分类和景观评价。

针对景观分类与景观评价，在景观管理的技术工具研究方面，部分国内学者聚焦于 GIS 系统支持下的景观管理研究。例如，顾杰等（2003）探讨了 GIS 技术在杭州"西湖西进"区域景观规划设计中的应用；邓运员等（2006）研究了 GIS 与南方传统聚落景观管理相结合的方法；吴威和尚晓倩（2012）述评了 GIS 在景观细部和空间尺度、场所和邻里尺度，以及社区和区域尺度的景观规划中的应用情况；熊星等（2017）利用 GIS 技术构建了风景名胜区乡村文化景观管理数据库平台的功能和框架；滕明君等（2010）利用 RS 和 GIS 研究了武汉市九峰城市森林保护区的景观规划对策；刘阳等（2021）以丽江束河古镇为例，利用公众参与地理信息系统（PPGIS）研究了乡村旅游社区的景观价值变化问题。此外，我国学界也有很多关于景观管理的研究表现在土地规划或土地利用方面，而没有直接使用"景观管理"的概念和体系。

在乡村地理学或旅游地理学相结合的方向上，当前我国的景观研究主要分为围绕生态角度或社会经济等角度的量化研究，以及围绕人地关系内在的文化元素的质性研究或理论研究。首先，围绕生态角度或社会经济等角度，已有不少学者从量化方面钻研景观评价指标体系等问题。例如，从生态角度，肖笃宁和钟林生（1998）针对景观的生态评价探讨了景观多样性、景观多效性、景观宜人性等问题；从综合角度，刘滨宜和王云才（2002）建构了乡村景观评价指标体系，提出了乡村景观的可居度、相容度、敏感度等评价指标；肖禾等（2013）通过土地利用与土地覆盖变化评价研究了乡村景观变化特征和趋势。其次，围绕人地关系中的文化元素，已有学者开始关注景观的"千村一面""空壳村"或"空心村"等有关文化本真性的问题。例如，林箐（2016）提出了对乡村景观的保护需要充分理解乡村景观中蕴含的人与自然的关系和乡村景观中包含的社会经济复杂性的观点；约翰尼斯·穆勒等（2016）则指出，由自然景观向文化景观的转变是对景观的再次塑造，其景观管理需要寻找平衡点、保持发展的理念。

从景观（或者更通俗地说"风景"）的角度上将景观研究与乡村旅游研究相结合，通常是侧重于表征意义的研究，强调符号与象征的研究视角，其中最具代表性且联系最紧密的是旅游凝视研究和旅游舞台化的相关探讨。麦坎内尔将戈夫曼的"前台"与"后台"理论拓展到了"舞台真实"理论，正好运用到可持续乡村旅游研究的地方本真、空间活化和景观管理问题上。

景观管理是包含地理学、生态学、社会科学、环境科学与环境美学等交叉学科的理论与技术应用，是能够从多方位视角、立体地研究乡村旅游问题的有力工具。国内现有研究虽然已经在一定程度上应用了景观管理的理论视角和技术手段，但是要在可持续乡村旅游的问题上系统化地融入西方景观管理视野平台，仍然有着可深挖的学术空间和生长点。一方面，景观管理并不是仅视觉上的感官判断，而是人类社会与自然的结合，其应用并不局限于 GIS 等技术工具或具体案例地的实践；另一方面，我国学界也有一些关于景观的研究表现在土地规划或土地利用、风景设计或乡村营建等方面，但没有正式引入和结合西方景观管理的视野平台；此外，虽然学界已经在关注风景中的文化真实和舞台真实，但是针对文化本真性的景观研究在很大程度上仍然局限在有较大民族文化差异的乡村旅游地区。

因此，概括来说，由于研究视角或旨趣的不同，在乡村旅游与可持续发展的现有研究中，围绕文化本真性去讨论地方本真与空间活化的研究仍不够突出，以景观管理为视角探讨乡村旅游的研究也尚不成熟。景观管理可以成为探究可持续乡村旅游发展的新角度、新平台、新力量，将地方、空间、景观视为一个问题的三个维度，以景观管理为视野平台的可持续乡村旅游议题，有着很值得期望的研究空间。

1.4.2 乡村旅游景观管理的对象与内容

"景观"作为科学概念具有历史性、发展性、复合性，并具有异质性、多样性、稳定性与动态性，融合了美学、生态学、地理学等交叉学科的相应内涵，是形成城市和乡村聚落空间复杂外部形态的基础，也是其最基本特性。景观的内涵牵涉人类社会和经济的交互关系，存在生态、经济、社会的多功能交互，政府、非政府组织、企业、社区和居民的多主体协同，国家、区域、流域或单元等的多尺度联动。本书以中国乡村旅游为研究对象，以可持续发展前提下的乡村旅游景观管理为研究内容。对可持续乡村旅游而言，景观管理指的是朝向可持续发展的目标，确保乡村景观的保护和维护，指导和协调由社会、经济和环境发展所带来的乡村景观变化，并在可持续发展的前提下进行乡村旅游开发的景观规划。

"乡村""乡村旅游"等概念看似简单，实则在学术场域下有着多元的内涵，至今国内外学界都没有形成绝对权威的定义。"可持续乡村旅游""乡村旅游的可持续发展""乡村生态旅游"也是一组需要予以界定的易混同概念。而在乡村旅游研究中，"生态文化""原生态文化""本真性"或"真实性"等概念间既有着相互联系又有着相互区别的内涵。因此，要研究可持续乡村旅游的景观管理，首先要针对研究内容和语境，对相关概念进行界定和辨析。

一般来说，广义上的乡村是指城市以外的地域空间总和。乡村地域系统是由内核系统和外缘系统构成的开放系统（屠爽爽等，2015），其内核系统包括诸如乡村生态环境、聚落和建筑、农业资源、民俗文化和乡村制度，其外缘系统则包括城市化进程、区域发展政策、工业化发展等（周怡岑，2021），内外系统间存在能量与信息的持续交换。但学界对乡村的划分标准不尽相同，各个学科领域对乡村有着不同方面的概念界定或内涵描述。例如，在社会文化学中，乡村的社会行为标准相对城市更单一；在生态学中，乡村的人口密度较小，具有明显的田园景观特征；再细致到景观生态学视阈，乡村是以田野为基质、以聚落为斑块、以道路为廊道的综合性生态景观系统。在地理学角度，乡村是具有特定的经济、社会、自然景观的地域综合体，其土地利用与景观等有别于城市地域综合体，尤其在土地利用上以大面积的农业或林业用地为主，或是拥有大量未开发的土地。虽然城乡边界是"相对的和动态的"（张小林，1998），但本书在旅游语境下，将"乡村"界定为城市以外的地域系统。从空间概念来说乡村是以农业生产为主要劳动的人们所生活的地方；在地理空间属性上，乡村是以空间和功能的非城市特征来界定的地域；在政治经济属性上，乡村是以生产方式和生活方式的非城市化特征来区分的系统；在社会文化属性上，乡村是以文化氛围和社会结构的非城市化特征来界定的系统。

发生在乡村的旅游活动即是通常意义上的乡村旅游。"旅游"是满足人类精神情感需求的综合型产业，是游客与其他主体邂逅和相遇的过程（陈晓亮等，2019）。从现代性语境来说，旅游已经成为推动一地社会文化变迁和社会结构变更的重要因素。乡村旅游的起源涉及人类逃避主义从乡野到城市、再重回乡村的轮回，其概念也有着多种解释。简单来说乡村旅游就是发生在乡村的旅游活动（Reichel et al.，2000）。世界旅游组织将乡村旅游界定为游客在乡村及其附近逗留、学习、体验乡村生活的活动。还有学者将乡村旅游界定为以田园风光、农家生活、农事生产等自然和人文景观为吸引物的休闲或观光游览（林刚、石培基，2006），以都市居民为目标市场，以满足游客回归自然等需求为目的，其核心内容包括乡村风土、风物、风俗、风景和风情。乡村旅游虽然活动规模相对较小，但是活动类型随乡村地域的复杂性而呈现多样性。

本书将乡村旅游界定为以乡村作为旅游目的地或旅游活动发生地的旅游行为，通常以都市居民为目标市场，以满足游客回归自然等需求为旅游目的，以田园风光、农家生活、农事生产等自然和人文景观为吸引物的休闲或观光游览，其旅游活动内容密切联系着乡村地域系统的自然环境与农业生产生活，其旅游资源包括山水林田湖草等自然风光，以及乡村聚落和建筑、农事活动、民俗文化活动、乡村饮食和服饰等物质与非物质化的人文景观。具体的乡村旅游活动包括欣赏乡村自然风景，体验乡村的风土、风物和风俗，感受农耕活动和传统文化，享受地方饮食，或依托中草药植物资源的乡村景观疗养、乡村休憩康养项目等。概括来说，乡村旅游以乡村自然环境为依托、以农业发展为背景，是旅游产业三大形态之一，也是与农业的产业融合度最高的旅游形式，为游客提供参观农业景观和体验乡村生活的游憩。乡村旅游活动类型随乡村地域的复杂性而呈现多样性，其最大的特色通常被认为是乡村性，意味着能够提供区别于城市生活或城市旅游的体验。

而"可持续乡村旅游"（或"可持续旅游"）这一术语在中文语境下容易与"生态旅游"相混同，最主要的混同用法是"乡村生态旅游即可持续旅游"。事实上两者是两个不同的概念，其内涵虽然有着共同之处、蕴含着相近的价值取向，但是强调的重点却不同。生态旅游的内涵与绿色旅游或自然旅游有关，指在旅游过程中以学习、尊重、欣赏自然景观和文化为目的。继1990年国际生态旅游协会成立，中国旅游协会生态旅游专业委员会于1994年成立，生态旅游产业在我国开始得到越来越多的关注。后来随着"生态文化"得到更多重视，由生态旅游与文化旅游相结合产生的"生态文化旅游"开始越发耀眼。生态文化旅游的特征具有生态性和文化性，从旅游活动的经济性质层面来说，生态文化旅游注重生态资源和文化资源的循环综合利用。乡村生态文化旅游即是将乡村生态资源与人文资源整合，遵循可持续发展思想，以对乡村生态环境影响较小的方式进行旅游活动，被认为是朝向人与生态、人与文化和谐、可持续发展的旅游方式，是传统旅游的丰富与升级。生态旅游和生态文化旅游都是环境友好型的旅游活动，旨在将人类旅游行为对生态环境与资源的破坏降到最低，在旅游活动中持续体现人类对自然和文化的尊重。

现在辨析一下可持续乡村旅游与乡村生态旅游的关系，乡村生态旅游是可持续发展的，或者说，乡村生态旅游是基于可持续发展目标的，而可持续乡村旅游也强调乡村旅游的发展与管理不能以破坏乡村生态环境资源为前提，但乡村生态旅游并不完全等同于可持续乡村旅游。一方面，乡村生态旅游可以被视为一种旅游产品，但也并非简单的一种旅游产品，它在本质上强调以生态环境为旅游资源，在旅游活动中具有强烈的生态环境保护意识。另一方面，可持续乡村旅游则同时指向与旅游活动相关的生态环境问题和社会经济问题。本书针对的可持续乡村旅游，一是关注乡村旅游自身的可持续发展；二是关注乡村旅游以乡村地域系统可持续发展为基础，并遵循、保护和促进乡村地域系统的可持续发展。

有关乡村旅游研究，以及具体的可持续乡村旅游研究，其乡村性与地方性的内涵都来自"文化"和"文化本真性"。文化是一个极其广泛的概念，泛化来说，任何有别于自然之物的都能被称作文化（刘珩，2015）。本真性（Authenticity）也是难以明确界定的概念，在不同语境有不同的解读与实践。译法上"本真性"也称为"真实性"，可以将"本真性"的基本内涵理解为"原初、真实、可信"，也正因如此，本书对其取"本真性"的译法。本真性概念最早由戈夫曼提出，早期多见于文化遗产或博物馆研究，被规定为检验世界文化遗产的重要原则。Boorstin 于 1961 年首次提出了关于旅游中"本真性"的思考[①]。麦坎内尔在20 世纪 70 年代将本真性概念正式引入旅游社会学研究。旅游研究中对本真性的探讨多源于旅游地的文化商品化或商业化现象，关注旅游者的动机与体验。根据

---

① 马东艳. 文化原真性、地方依恋与旅游支持度的关系——基于民族旅游村寨居民视角的实证研究 [J]. 社会科学家，2020（7）：51-56.

本真性的内涵，可以将本真性划分为客观主义本真性、建构主义本真性、后现代主义本真性、存在主义本真性（Wang，1999）。旅游者的旅游动机正是对文化本真性体验的寻觅（MacCannell，1973，1976）。

　　谈及乡村旅游的可持续发展与文化本真性，也有部分研究会联系起"生态文化"一词。"生态文化"是近年乡村旅游研究中的焦点之一，其概念起源于罗马俱乐部创始人奥雷利奥·佩切伊（Aurelio Peccei）。1986年，余谋昌先生引进了意大利的《新生态学》杂志，国内也开始有关于生态文化的研究。生态文化是蕴藏着天人关系哲学思辨的文化，蕴藏着参赞天地化育的生生意识（张卫兵，2021）。追溯生态文化的起源和演进，在我国也有着悠久的历史，蕴含在人与自然的相处方式上。中国古代的"天人合一""道法自然"等哲学价值观都根植于对自然现象和规律的辩证认识，虽然不能界定为当代学术用语的"生态文化"，但是却蕴含着有关生态文化的思想。马克思主义哲学也包含着人与自然两者本质统一的思想，强调自然与人类社会的发展相互联系和制约，两者是一个处于变化过程的有机体。

　　学界对"生态文化"这一术语的概念表述各有不同。概括来说，生态文化在各个时代和社会有着不同的表现形式，关乎着人类活动是否以征服自然为标准，与工业文化那种"逆自然文化"相反，是人与自然相和谐、物质与物质之间良性循环的文化形态（廖福霖，2012）。生态文化的内涵体现在以下两方面：一方面是遵循生态规律，在社会经济发展中恪守自然法则，不因经济规律而忽视自然规律；另一方面是超越传统人类中心主义或生态中心主义的价值取向，既不过度强调人的固有价值，也不片面强调自然的固有价值，而是既以人为本，也以自然为本。并且，生态文化是一个文化体系，横向包括物质层面、制度层面、行为层面、精神层面的生态文化，纵向则由个体、团体、地区、民族等生态文化因素或生态文化子系统构成，其特征是整体性与多样性的统一、和谐性与可持续性的统一、绿色性与民生性的统一、伦理性与平等性的统一（李忠友，2016）。

　　在理论价值上，生态文化蕴含着世界观的转向、价值观的转型和思维方式的转变。在世界观上，生态文化是由机械实体论转向有机整体论、由机械决定论转向自组织演化论，从人与自然的对立走向和谐；在价值观上，生态文化是由自然的工具价值向内在价值转型、由个人主体向德性主体转型，从征服改造自然走向与自然协同发展，突破人类中心主义走向重视生态价值；在思维方式上，生态文化是由机械性思维向有机系统性思维转变、由分析还原性思维向综合性思维转变、由线性思维向非线性思维转变；在实践价值上，生态文化能够推动生产方式的变革、生活方式的转型和人格塑造的转换，包括在生产方式上由线性经济转向循环经济，在生活方式上由异化消费转向生态消费，在人格塑造上由"经济人"转向"生态人"（李忠友，2016）。

结合生态文化的内涵、特点和价值可以发现，生态文化直指人与自然最本质的相处，有着一部分"原初"和"真实"的表征，因此是一种密切关系着本真性的文化。从这种人与自然相处的本真性来说，与生态文化在表述上极其相近或容易混淆的"原生态文化"也越发成为被关注的热点。"原生态"一词常出现在民族、民俗、民间文化、非物质文化遗产等研究中。在中文语境下，尤其是在非物质文化遗产保护领域，"原生态"概念常以"本真性"概念出现，或常被等同于"本真性"。事实上在乡村旅游语境下，原生态文化的内涵主要涉及两个角度，即商业与利益层面的经济角度和资源层面的政治角度。从经济角度来说，原生态文化常见于一些被媒体进行商业包装后的文化艺术形式、广告和商品，如民歌的"原生态唱法"、各种标签化的"原生态食品"等。从政治角度来说，原生态文化会被作为一种地方建设或政策建设的宣传资源，以原生态文化为特色申请文物保护单位、进入文化遗产名录、进行地方旅游开发，如打造雷公山苗族原生态文化、黎平侗族原生态文化精品旅游项目等。

概括而言，原生态文化在概念和内涵上具有相对意义而不具有绝对意义（徐杰舜等，2011），需要置于具体语境或具体对比之下来谈。对原生态文化的理解、应用与导向，应取其诗学内涵，凸显出与自然相连接的本真性，而不是固化某一具体文化的镜像标本。在乡村旅游语境下，对原生态文化的取舍应取其异域文化的旅游吸引力和其承载着集体记忆的民族认同或地方依恋，舍其物化或固着的当地文化躯壳。乡村可持续旅游的景观管理不应该盲目以"原生态文化"为景观管理的文化方针和方向，而应使乡村当地原生态文化能够有所取舍的传承和利用。也就是说，乡村旅游地原生态文化中的文化本真性才是其"原生态文化"需要传承和利用的价值所在。

1.4.3 乡村旅游景观管理的研究方法

景观管理即是本书所涉及的理论视角和工具。乡村旅游景观的本质是"由乡村旅游地的人、物、空间、权利等异质性元素相互交织和相互作用构成的网络"（刘宣、王小依，2013），各种要素之间不断循环、消解、合并。游客在乡村地区的异质性文化感知与体验过程，是以"景观"作为旅游的对象，乡村景观即乡村旅游资源的载体，其组成以田园风光为特色，既包括湿地景观、菜田景观、池塘景观等，也包括农事活动和乡村原住民的日常生活场景。在乡村旅游语境下，乡村景观既是旅游活动的吸引物，也是人类行为与旅游地生态环境相互作用的结果，还是由旅游地的自然因素和人文因素相互作用而不断生产和变化的动态系统，表征着乡村旅游地生态系统的可持续发展和社会经济生产力情况，反映着乡村旅游地的人地关系。人地关系问题是地理学研究尤其是人文地理学研究的永恒课题，也是乡村旅游可持续发展的关键所在。概括来说，景观既是人类生活、活动和实现自身存在的媒介，也是人类"最终注定返回的媒介"（米切尔，2014）。乡村景观是乡村旅游活动的媒介，是可持续乡村旅游发展的客体，但乡村旅游地这个"地方"在被决定的同时也决定了人的"在世存在"，最终，乡村景观也是可持续乡村旅游注定返回的媒介。

本书研究的逻辑框架如图1-1所示，从旅游的经济属性与文化属性导出乡村旅游发展过程中地方本真上的"文化"与空间正义上的"资本"的天然矛盾基因，并通过景观对两者的表征和景观管理对两者的联动，落脚于要如何解决乡村旅游中有关人地关系的异化，更好地实现乡村旅游产业自身的可持续发展，并同时推动乡村地域系统的可持续发展。在科学问题层面，本书利用人文地理学中的空间和地方等有关人地关系的相关概念和理论，以美国文化研究学者米切尔（2014）的地方、空间、景观概念三位一体的学说作为理论视角，力图融入西方景观管理思想来搭建研究平台，探究如何通过地方、空间和景观的范畴来分析和实践可持续乡村旅游的发展与管理，以期为未来的乡村旅游和乡村振兴的相关研究拓宽和拓深理论思路。在现实问题层面，本书力图为解决乡村旅游的景观同质化、空心化等文化本真性流失问题提供理论思路，为地方政府、旅游管理部门和旅游开发方提供实践思路和决策依据。

米切尔（2014）在风景研究著作《风景与权力》中首次提出了将地方、空间、风景（即景观）三个术语作为一个概念整体来思考，将地方、空间、景观视为从不同角度激活的概念结构，这种表达提供了一个进入景观研究领域的俗语入口。从米切尔的观点来看，当游客在乡村旅游地"观看一片景色"时，所观看的风景其实并非是乡村的某一事物本身，而是被乡村当地某一特征主导，又绝非可以简化为这一特征的景观。在这其中，主导或创造出那一"特征"的即是乡村旅游地的文化本真性。并且，在乡村旅游语境下，一片乡村风景就是一个空

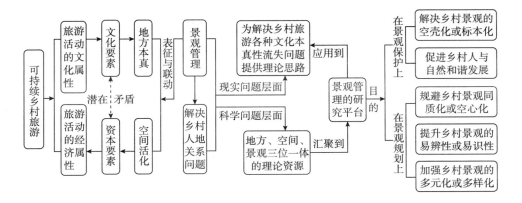

图1-1　本书研究的逻辑框架

间，或是一个地方的景色。在这种话题的现象学和历史唯物主义传统中，空间和地方都是关键术语，而风景则是空间和地方的现实特征的美学框架（米切尔，2014）。无论是在以加斯东·巴什拉（Gaston Bachelard）和马丁·海德格尔（Martin Heidegger）为代表的现象学经验主义传统中，还是在亨利·列斐伏尔（Henri Lefebvre）、米歇尔·德·塞图（Michel de Certeau）、米歇尔·福柯（Michel Foucault）等学者的西方马克思主义论述中，空间和地方都是其分析的基本范畴，而景观的分析则相对较少。因此，米切尔关于"空间、地方、景观三位一体"关系的学说首次将这三个术语作为一个整体，十分适用于从整体和立体的视角去研究乡村旅游的可持续发展。

本书的研究思路是从问题导向出发进行理论分析，并结合案例予以解析。具体来说，结构上以总分式与递进式相结合，首先归纳和阐述乡村旅游的困境与突围，结合乡村旅游当下异化的地方、空间和景观三个方面的问题，对地方、空间、景观三个理论维度进行理论分析；其次从理论分析递进到三个理论维度在可持续乡村旅游上的实践；再次将地方、空间、景观三个范畴汇聚和落脚到景观管理这一研究平台和实践工具上；最后建构可持续乡村旅游的景观管理理论模型，并结合案例进行解析。本书具体的研究思路与框架如图1-2所示。

基于此研究思路，本书（除导言和结论章节外）在框架上包括三大部分。第一部分为本书的第1章，是关于问题导向的论述，梳理乡村旅游的当下困境与健康发展方向。第二部分为本书的第2章至第4章，是结合乡村旅游的现状问题与发展方向，分别从地方、空间、景观三个范畴分析可持续乡村旅游，建构可持

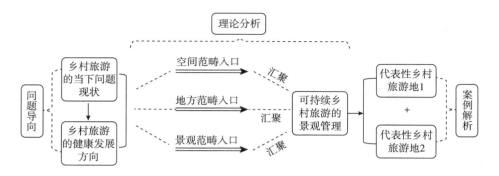

图 1-2　本书具体的研究思路与框架

续乡村旅游的景观管理模型。第三部分为本书的第 5 章，将结合第二部分建构的理论模型，选择一个乡村旅游地进行案例解析。

　　本书所探讨的是乡村旅游人地关系的本质问题，在学科领域上是以文化研究与人文地理学为主的交叉学科研究，在理论视角上以文化研究学者米切尔关于"地方、空间、景观三位一体"的观点为启发和借鉴，具体来说，在地方议题上涉及地理学视角，在空间议题上涉及社会学视角，在景观议题上则进一步站在文化研究的交叉学科的角度，同时也融入西方学界的景观管理思想。如前文所述，景观是交融着文化与资本的，乡村景观既可以是大地风景，也可以是消费社会下经由景观制造而产生的奇观，因此，景观或者说景观研究的视角，是有望协调文化与资本的冲突的。

　　景观是一个动态系统，是自然和人文因素相互作用的行为结果，受到气候、土壤、水文等自然因素和经济、技术、文化、政策等人文因素的共同影响，具有综合性、整体性、实体性与可视性（鲍梓婷，2016），既代表着生态系统与可持续发展过程的综合水平，也代表着地方经济的生产力。景观概念是地理学、生态学、艺术学等多学科的共有概念，有着交叉学科研究的本质。作为研究乡村旅游人地关系相关问题的工具，景观的内涵具有一种"生态系统"的意义，以交叉学科的研究性质为思维模式，在自然与人文两方面进行结构性整合，用跨学科的复合理论审视乡村旅游地的自然、社会、经济这一整体"生态系统"的发展。概括而言，景观连接着客观存在与主观感知，连接着时间性的过去与未来，连接着空间性的地方与全球。起源于欧洲的景观管理学说是有关可持续发展、土地管理与自然保护的理论工具。景观是人地关系的反映且具有动态性质，因此景观管理也蕴含着对人与自然关系的管理；景观将物质世界与想象世界辩证统一地联系在一起，因此解读景观也需要结合外在的客观要素与解读者的主观意识。

根据欧洲委员会（Council of Europe）发布的《欧洲景观公约》对景观概念的界定，景观是可以被人们感知的区域，其特征是自然要素和人类要素相互作用的结果。但由于世界上很少有景观是没有沾染过人类活动痕迹的，因此本书在景观的概念上不再区分自然景观与文化景观，如使用自然景观、文化景观或人文景观等词汇，意在突出或强调自然生态环境和文化本真性等内涵。

在具体的研究方法上，本书将理论研究与个案分析相结合，以理论分析为主，以案例分析作为理论研究的进一步解析和阐述。在理论分析阶段，主要通过文献资料的收集、研读、梳理来进行论证分析和理论模型构建，借鉴系统科学分析法，结合乡村地域系统的整体性，将可持续乡村旅游解读为一个复杂的社会经济系统，以人文地理学中地方、空间、景观三个范畴对影响和推动乡村旅游发展的动力系统进行梳理和解构，从中整理、推演、归纳可持续乡村旅游的景观管理路径。在案例分析阶段，主要通过对案例地的实地考察和相关二手资料的收集与整理，针对已建构的理论模型进行解析。

总体而言，乡村旅游是在乡村地理范围开展的旅游活动，以乡村性为特色，寄托着人们有关"乡愁"的情结或想象。当前时代，城市居民的可支配收入提高、生活与工作压力增加，在闲暇时间对远离城市、回归田园的需求越发明显，外加体验经济的兴起也应和了城市居民的"乡愁"需求，使人们对乡村旅游体验的需求也越发多元化和个性化，出现参与化和舒适化等特征。但乡村旅游的当下现实却发生着异化。乡村旅游资源容易在消费主义导向下过度资本化和统一化，使乡村旅游在发展过程中被商业化地驱逐和迁移了乡村原住民，失去了乡村的地方性，挖空乡村原本的生活和生产景观，以旅游经济为目的，符号化地打造千篇一律的乡村旅游景观，使乡村景观变得同质化或空心化。

表现在地方、空间、景观上的异化是乡村旅游人地关系问题的反映。而地方、空间、景观是这一问题的三个范畴的阐述，乡村旅游空间解构与重构过程中的"空心化"问题联系着"去地方化"的现象，也就有可能引发乡村旅游发展中的地方性被抹杀的问题，继而又可能加剧旅游景观的"同质化"，因此三者共同形成了当下乡村旅游的发展困境，即乡村旅游的产品和服务并不能与高品质和高效率的旅游体验市场需求相协调。针对异化的地方、空间与景观，中国乡村旅游要突围当下困境，就需要一种朝向诗意栖居化的本质回归，使乡村旅游具有更高的生命力，体现出更突出的"天人合一"的价值，因此需要以可持续乡村旅游为范式，以地方本真来推动"诗意地栖居"本质，进而以可持续乡村旅游的发展推动乡村地域系统的可持续发展，促进乡村振兴。那么，要具体分析和探索乡村旅游的可持续发展，就要结合当下乡村旅游的异化现状，去探索能够通往可持续乡村旅游的入口，米切尔提出的"地方、空间、景观三位一体"的观点正好可以成为研究这一问题的理论依据。

2　地方、空间、景观

——分析可持续乡村旅游的三个理论维度

如前文所述，米切尔（2014）在《风景与权力》中激活了"地方、空间、景观三位一体"的辩证资源，将地方、空间、景观设想为一个统一问题、一个辩证的过程。通过前文的分析归纳可知，乡村旅游的发展应是以可持续乡村旅游为范式、以文化本真性来推进乡村旅游的本质回归，而当下中国乡村旅游发展的异化体现为地方性的磨损或重置、空间的挤占或掏空以及景观的同质化，再结合米切尔关于"地方、空间、景观三位一体"的辩证资源，地方、空间、景观正可以作为分析可持续乡村旅游的三个理论维度。具体来说，地方维度侧重于从人文地理学的地方议题出发，空间维度侧重于从社会学角度的空间正义出发，景观维度则更侧重于表征，更明显地从横断学科视野出发。

2.1　地方、空间、景观的内涵与三位一体的关系

2.1.1　"地方"的内涵

人类与地方的情感纽带是亘古恒有的。在地理学界，"地方"最早是在 20 世纪 40 年代由怀特（Wright，1947）所提出，被界定为承载主观性的概念。但到了 20 世纪 70 年代，段义孚等将地方概念引入人文地理学前沿，详尽论述"地方"对人类心理、情感、身体、审美和价值观的影响，尤其在提出了"恋地情结"（Topophilia）后，关于地方的理论开始得到普遍重视。在人文地理学语境

中，地方被定义为感知的价值中心及社会文化的载体（Eyles，1989），并与抽象的、理性化的空间概念相区分，以主观性的日常生活体验为特征（Relph，1976；Tuan，1977），是处于不断变化中的社会与文化实体（朱竑等，2010），可以被认为是人们日常生活所建构的社会网络中的一个节点（Adams et al.，2001）。以存在主义观点来看，人类通过在空间内的栖居不断进行着对地方的体验、与地方进行互动，使地方成为"自我"的有机组成部分（Casey，2001）。因此，地方作为自我的隐喻，可以被视为人类在社会文化结构中进行自身的定位的坐标系（Relph，1976），也常常与记忆、认同等理论联系在一起。

地方根植于历史，可以是社会图景中的一个侧面。在历史演进中，地方既是"对象"，也是"过程"，同时还是一种观看方式。当一个"空间"成为"地方"，意味着空间中的某些物质特征适合于某些行为，因此使人产生了地方感。地方的尺度涵盖着各种经验、实践和建构，诸如壁炉、摇椅、家、国家等，都可以称为"地方"，地方是一个有意义的有序世界，是一个相对静态的概念，因此才会有地方感的产生（Tuan，1977），地方感是地方自身具有的特质和人们对地方的依附。海德格尔曾说，"地方是存在之真理的场所"①。在存在主义和现象学解释中，地方是感知的价值中心，是情感维系的场所。

关于地方的理论是研究人地关系等问题的重要抓手，包括地方感、地方依恋、恋地情结、地方性知识等，而这些也都是乡村旅游研究的热点议题。地方感是在人与地方的不断互动中产生的情感体验，既强调地方所具有的特质，也强调个体对地方的主观了解和感受，以及由此而建立起的认知及意象等（苏勤、钱树伟，2012）。广义的地方感是指关于个体（及群体）和地方之间的联系，包括指涉心理上的情感依附与满足的根植性，以及指涉社会层面身份建构和认同形成的地方感（Tuan，1974）。后者可理解为狭义的地方感，由地方固有的特性（地方性）和人们对地方的情感（地方依恋）组成。其形成机理关系着人们对特定自然环境产生的感知和反应，包括有意识的行为反应与无意识的行为反应（Steele，1981），并受到个人因素、物理环境因素、社会环境因素的共同影响（盛婷婷、杨钊，2015）。而在旅游活动中，游客的进入、旅游吸引物的符号编码等变量也会对地方感产生重要影响。同时，地方感的形成也反向对乡村文化遗产保护的态度和行为发挥重要作用，这其中关系着乡村原住民自身的恋地情结，以及外来游

---

① Heidegger M. Poetry, Language, Thought［M］. New York：Harper & Row，1971：165.

客在乡村旅游活动过程中产生的对乡村的情感依恋。

恋地情结是一种人与特定地方之间的特殊的依赖关系（Tuan，1974）。Williams 和 Roggenbuck（1989）提出，地方依恋是指人与特定地方之间存在基于情感、认知、行为的一种纽带。当人们基于自身经历、社会关系和情感理念去赋予一个地方意义时，就形成了对这一特定地方的地方依恋（Stokowski，2002）。地方依恋由地方依赖与地方认同组成，前者主要关系着地方的物质与非物质文化功能性依恋，后者主要是一种精神层面的情感性依恋（Williams et al.，1992）。有学者在实证研究中得出结论：乡村原住民的地方依赖主要受到乡村旅游发展所带来的经济收益的影响，而地方认同则在很大程度上与居民在乡村中生活居住的时间有关（唐文跃，2011）。

"地方性知识"作为科学术语是源于克利福德·格尔茨（Clifford Geertz）的《地方性知识：阐释人类学论文集》（*Local Knowledge：Further Essays in Interpretive Anthropology*）和《文化的解释：散文选集》，用于指具有文化属性的地域本土知识，并且其内涵主张采用人文科学的阐释主义研究范式。地方性知识在我国乡村地理研究和旅游地理研究中具有极其重要的意义，如我国很多民族村寨旅游地的生产生活规则、生态环境保护意识都来源于地方性知识。

谈及乡村旅游时，"地方"也常常与文化认同或身份认同有所联系。"Identity"在学界常见的中译包括"身份""认同""同一性"等，是哲学、心理学、社会学等学科领域的重要研究对象之一。从心理学理论去看，认同是个体将团体的价值理念或行为规范内化至自身的过程，是个体与他人情感联系的原初形式（樊义红，2012）；从社会学理论来说，认同是一种集体意识层面的概念，强调个体的社会性及个体与社会的互动关系。而地方是个体及群体生存与生活的空间基础，并且，作为历史性地存在于地表的物质空间和文化行为的综合体，地方对个体的"身份"和群体的集体记忆都有着一种记录的功能，显然地方自身是构成"身份"的一部分，而"身份"自然也会不断通过社会结构与文化区隔等对地方产生能动性作用。基于地方的认同，便是个体将自己认知为某个地方的社会角色的心理过程。地方认同概念最早在环境心理学中被用来指涉客观世界社会化的自我（Proshansky et al.，1983），具体来说可以被描述为个体通过对特定地方的环境的认知，使自身与地方、追求自身价值与在现代化和全球化的背景下，地方并不是封闭的，因此地方认同也具有流动性、再造性。地方价值都能够具有表达上的同一性（Korpela，1989）。地方认同常常会通过符号表征得以完成和体现，既受到现代性下消费社会文化生产的影响，也更受到地方自身在"栖居"意义上的文化符号的影响。例如，地方特有的生活习惯、文化礼仪、建筑风格、节庆仪式等，都关联着地方认同的形成、流动、再造。可以说地方依恋强调人对地方的情感依附，地方依赖强调人对地方的物质环境依靠。而地方认同则产生在地方依恋与地方依靠共同的基础之上。

此外，在有关"地方"的中外人文地理研究中，想象地理（Imaginative Geographies）也是常被用到的理论视点。爱德华·萨义德（Edward Said）所提出的想象地理是指某一群体、社会、国家或文明对自身所在地方之外的其他地方充满欲望、恐惧或幻想的表征。常与想象地理相混淆的地理想象（Geographical Imagination）概念则是关于人地关系中的主客角色关系。地理想象是对地理环境的感知、再现和表征，既有关于社会要素间的权力关系，也有关于主客体间的凝视。同时，对一个地方的想象也和文化身份不可割裂，而文化身份的建构又与集体记忆密切相关。也就是说，环境为集体记忆的形成提供着线索，文化身份以想象的文化共同体为基础，反映共同历史经验和共有的文化符码，因此个体与群体的文化身份建构需要基于"地方"之上，关于文化身份的想象，也即对地方的想象。

结合景观来说，地方的表述必须有可见性。"地方"可以是任何能够吸引人们注意的物体，当人们的视觉扫过某一景观时，视线会停留在感兴趣的目标上，而视线的每一次停留都可以是一处突出的地方形象。地方的视觉性能够引起人们对家园或对景观的特定情感，建立起人们的记忆、想象与认同。自然环境、人类活动与人口流动、社会精神情感和区域性的产品商品通过地方产生联结。从基于地方的概念和理论出发去分析可持续乡村旅游，需要通过地方品牌建构为乡村的地方本真注入活力，以发展的眼光去对待文化本真性。

2.1.2 "空间"的内涵

空间概念与勒内·笛卡尔（René Descartes）的空间哲学起源有关。在绝对空间范式中，自然环境要素往往与人类活动要素相对立。在马克思学说中，空间被认为是自然界提供的消费品，也就是一种支持物质生产的外部环境。"空间"作为人类的生存维度，有着复杂的性质。亚历山大·冯·洪堡（Alexander von Humboldt）等早期地理学家倾向于继承绝对空间的观念，而在相对空间和存在空间中，人与自然、功能与价值之间的关系则是复合的，因此人文地理学研究也常以"空间性"代替"空间"。

自 20 世纪 70 年代以来，空间概念成为社会学理论的核心概念之一。1973 年，大卫·哈维（David Harvey）首次提出了"相对空间"与"相关空间"，相对空间是指"空间被理解为对象之间的一种关系，它的存在仅仅由于对象存在并且彼此关联"，而相关空间则指"空间被认为包含在对象之中……一个对象的存在仅仅因为它自身内部包含和表现了与其他对象的各种关系"①，哈维用这两个概念突出空间与社会关系之间的关系，潜在地揭示出空间是一种人类社会生产与被生产的对象。之后，亨利·列斐伏尔（Henri Lefebvre）于 1974 年正式提出了空间生产理论，用于指空间被开发、被设计、被使用、被改造的过程，其实质也就是自然的"人化"过程。列斐伏尔的理论认为空间是社会实践的产物，是一种社会关系。也就是说，空间并非是先天给定的，而是生产出来的。空间的生产是由资本、权力等政治经济要素为力量的塑造，逐渐形成空间的社会化结构、社会的空间性关系，也成为全球化和城市化过程的主要驱动力。

列斐伏尔所划分的感知的空间、理念的空间、生活的空间，依次是指地理（几何）意义上的物质空间、涉及空间规划等权力支配和秩序维持的抽象空间以及各种或想象或虚构或象征的空间。在空间的实践维度上，乡村旅游景观中涵盖着交织了时间、空间、物质、精神体验等多重因素的文化实践，涵盖着政治、经济、文化间的耦合关系，这种感知的旅游空间既生产出物质载体的景观与配置，也再生产出多重因素与多元主体互动的多重属性空间（如地理空间、文化空间、社会空间）。在空间的表征维度上，通过符号的制造与再现，乡村旅游景观形成一种概念化的、构想化的空间，生产着与乡村及乡村中的"人"与"生活"相关的主观理念（如生活理念、价值观）。在表征的空间维度上，乡村旅游景观既是原住民客观的生活场域，也是外来旅游者主观的观赏与体验的场域，这一亲历性的空间中生产出统治、服从与反抗的关系（Lefebvre，1991），因为作为表征的空间，乡村旅游景观之中存在着权力关系下的生产关系与体制规则等秩序。学界多认为列斐伏尔的诠释注重克服主客对立的二元论立场，强调人类的生产包括物质和非物质的生产和创造并涵盖着人类自我关系的生产（刘扬，2016），从而批判了空间是"社会关系发展的静止容器或精神产物"的概念。

西方对空间生产的运作逻辑有着系统化的论证。列斐伏尔的空间生产理论强调了空间的生产性、社会性、意识形态性；米歇尔·福柯（Michel Foucault）认

---

① Harvey D. Social Justice and the City［M］. London：Edward Arnold，1973：13.

为空间生产的运作逻辑必须用权力干预来进行解释，并且空间、权力与知识三者之间密切相关，空间对权力运作而言是"基础"与"容器"，知识对权力运作而言则是为其提供合法性的"依托"①；哈维（Harvey，1976）认为空间是一种资本，看重人类社会中资本的流动对空间结构和形态的影响，用"资本三级循环"来做阐释，指出空间生产中的三大要素是"资本""阶级""上层建筑"，也强调着空间生产背后的不平衡性；爱德华·索亚（Edward Soja）曾在列斐伏尔的感知的空间和怀特及萨义德的想象地理学的基础上提出新的概念——第三空间。空间是服从于权力的工具，是具有差异性的、矛盾的、动态的由社会生产和权力关系建构的场域。而空间中所蕴含的权力张力也与审美意蕴是不可分割的（孙佼佼、谢彦君，2017），而这种审美内涵又涉及对空间的"想象"色彩，如加斯车·巴什拉（Gaston Bachelard）所说的空间"诗意化"过程等。根据法国社会学家皮埃尔·布迪厄（Pierre Bourdieu）的理论，社会空间是一种由权力关系组成的空间，通过符号区隔等理论，可以在社会空间中构建起清晰的阶级地图，因此乡村旅游景观的空间生产背后也存在着多元主体之间的利益与权力争夺。检视其生产机制不难发现，乡村作为文化景观的诸多要素皆被纳入资本生产逻辑之中（范佳慧，2018）。

自然空间是形成人类社会空间的基础。在人文地理学中，环境感应被认为是社会空间行为产生的基础（劳维、彼得逊，1989）。建筑与人类学专家阿摩斯·拉普卜特（Amos Rapoport）提出，虽然特定的社会文化空间是形成人类认知方式的环境基础，但归根结底，为其对人类行为的影响来提供线索的却是自然物质环境②。而自然空间在被人类社会的技术与资本规划和区隔的过程中也逐渐被编织为社会空间。列斐伏尔把社会空间看作社会关系的载体，称空间里弥漫着社会关系，且空间既生产社会关系，也被社会关系所生产③，显然，乡村旅游景观内社会关系的生产与被生产都是以权力及资本对自然物质空间的运作作为起点。从空间生产和空间正义的角度出发去分析可持续乡村旅游，是涉及乡村旅游地空间体系的解构与重构的空间活化问题。

---

① Foucault M. Power/Knowledge: Selected Interviews and Other Writings，1972–1977［M］. New York: Pantheon Books，1980：63–77.

② 拉普卜特. 建成环境的意义——非语言表达方法［M］. 黄兰谷，译. 北京：中国建筑工业出版社，2003：40.

③ 列斐伏尔. 空间：社会产物与使用价值［M］//包亚明. 现代性与空间的生产. 上海：上海教育出版社，2002：48.

2.1.3 "景观"的内涵

"景观"（Landscape）在词源上源于德语的"Landschaft"，而这一德语词汇又受到荷兰画派的影响，其概念可追溯至文艺复兴时期人文主义者对视觉确定性的探索，原意是指围绕着建筑（住房）的田地、草场、森林所组合的集合体。从景观的英文表述 Landscape 来看，"景观"是大地之上的自然区域综合体，与"土地"密切相关，而在中文语境下"景观"也常与"风景"混同，在部分相关外文著作的中译版中，也会将"Lndscape"翻译为风景。

在地理学兴起后，景观逐渐成为地理学科的研究对象。作为科学术语，"景观"最早在 19 世纪初由德国地理科学家奥托·亚历山大·冯·洪堡（Alexander von Humboldt）用来指某个地理区域的总体特征。德国地理学家奥托·施吕特尔（Otto Schluter）在 20 世纪初进一步发展了景观学说，认为景观是具有地域意义的自然和人文现象，并提出了"文化景观形态"概念，用以与自然景观相区别。美国地理学家卡尔·索尔（Carl Sauer）在景观科学（Landscape Science）研究中也将"景观"视为由自然和文化叠加作用构成的存在，揭示出人类和文化在景观塑造中的重要作用。德国地理学家卡尔·特罗尔（Carl Troll）作为"景观生态学之父"强调了生态学的功能性与垂直性、地理学的空间性与水平性，将景观解释为一个由岩石圈、生物圈、人类圈一体化的完全综合的可视实体，指出景观并不是简单的"部分之和"。而人类学和哲学等人文科学领域更加重视景观所携带的符号意义和隐喻作用。文化地理学家麦克·克朗（Mike Crang）指出，景观植根于大地，并由人类利用空间嵌入地方，通过人类社会的集体作用被刻意创造与再现，被赋予意义与象征①。景观作为融合了历史、政治、社会关系及人文感知的综合体（Bender，1993），也可以表达内含的意识形态、价值理念和权力象征。

在西方传统美学中，人们对于景观（风景）的态度是一种"异己的他者"，存在主客体相对立的探讨视角。地理学角度的景观更强调自然地域综合体，在人地关系交互中被赋予特殊意义，具体到人文地理学领域的景观，是被解释为人类文化与自然环境相互影响和作用的结果。在景观概念的发展过程中，始终体现着某一区域的自然特征和文化现象的综合。《欧洲景观公约》将景观定义为人们所感知的一个区域，其特征是自然和/或人为因素相互作用的结果，指出景观是表

---

① 克朗.文化地理学［M］.王志弘，余佳玲，方淑慧，译.台北：巨流图书公司，2003：35-52+79.

达个人和社会福祉、可持续发展的前提条件的存在，也是社会经济行为的重要资源，进一步详细分析与论述了"景观"和人类生活各领域之间的关系和内涵。广义的"景观"概念常被认为包含自然形成与人为建设两种。语义表述上的"文化景观"被认为是一种结合人文与自然的，侧重于景观历史空间和文化场所的对象，处在不断发展和变化的过程中，进行着空间生产，会被资本和权力等作用生产和消费。而地球表面很少有完全未受人类活动干扰的地方，因此任何景观之中几乎总是内含附加在自然景观上的人类活动形态。尤其在旅游景观实践中，更是几乎没有完全未被人类行为干扰过的"自然景观"。

"景观"的研究涉及社会学、历史学、政治学、人类学、文学等众多领域，并常常与权力、记忆、认同等议题相联系。其中，从乡村旅游语境来看，景观与集体记忆的联系也涉及地方和空间的范畴。一方面，记忆能够使物理性质的"空间"转变为具有社会意义的"地方"（Relph，1985），而人们关于特定地方的记忆中通常都包含着其个人的和集体的相关感知和情绪因素（Lewicka，2008）。另一方面，景观在欧美历史地理学与文化地理学界常被认为"具有记忆仓储"的作用（贝克，2007），这是由于景观在很大程度上具有历史性质，因此也具有作为文化记忆的延续意义。英国地理学者落温塔尔（Lowenthal，1975）在研究景观与记忆的关系时提出了怀旧（Nostalgia）概念，认为"现在"的景观之中蕴含着"往日"，同样揭示出景观之中的文化连续性。而集体记忆与地方和景观的结构性关联更多体现在那些不可移动或复制的具有历史元素的物质文化景观领域（Hoelscher and Alderman，2004）。也就是说，集体记忆的维系需要依赖于地方的"空间"性，也就是物理环境性质。虽然社会关系架构影响人类的具体行为，但是为人类的认知与行为提供线索的确是自然物质环境（拉普卜特，2003），这是由于环境自身具有集体记忆功能。在人文地理学中，环境感应被认为是社会空间行为产生的基础。显然，对地方的建构中有着集体记忆的重要作用，而景观一方面是一种客观存在，另一方面又通过记忆形成主观意象，经过历时的生活经验与情感的积累，景观与集体记忆共同作用于地方文化和群体成员的身份建构，即地方认同。

旅游活动得以进行和发展的重要推动力是旅游景观的异质性，也就是与旅游者日常生活的惯常环境之间的差异，因为旅游者对异质性文化的体验需要从景观中获取。旅游景观的异质性可以体现在物质景观、特色商品、生活方式等各个方面，显然乡村旅游中的景观不仅是物质景观，也是"人"的景观。从景观维度出发去分析可持续乡村旅游，是涉及视觉研究和文化表征的问题，是进一步以发展的眼光去实践文化本真性。

2.1.4　地方、空间、景观的三位一体关系

米切尔（2014）指出，地方、空间、景观三个术语在逻辑上或顺序上并不存在优先劣次。地方、空间、景观三者的关系紧密相连，是从不同维度激活的概念结构（见图2-1），都指向乡村旅游发展的环境——自然环境与人文环境的综合体——乡村旅游地的人地关系。米切尔对"地方—空间—景观三位一体"的解释受到了列斐伏尔对空间三元划分的启示，而地方、空间、景观的三元划分也基本与拉康精神分析理论中的"象征界—现实界—想象界"相对应，"现实界"上空间的实践激活某一"象征界"地方，而这一地方与空间又一起衍生出"想象界"的景观对象。地方、空间、景观三个范畴也在审视乡村旅游问题时各有侧重：空间维度侧重马克思主义学说的空间生产和空间正义等问题，更多地涉及可持续乡村旅游中的主体性问题；地方维度侧重人文地理学的地方性与地方感等问题，更多地涉及可持续乡村旅游中的空间性问题，但此"空间"不同于"空间维度"，而是指向地方化和全球化等地理空间尺度意义；景观维度则更多地与表征有关，更多地涉及可持续乡村旅游中的时间性问题，即历史性继承或时代性创新等。

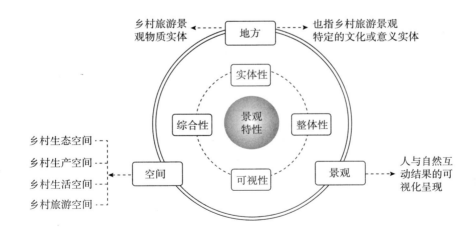

图2-1　地方、空间、景观的三位一体关系

地方是具有稳定性、边界性的特定场所，是事件的发生地，既指乡村旅游景

观的物质实体，也指乡村旅游景观特定的文化或意义体系。地方不是自然存在的，与时间和空间一样，地方也是一种社会建构，没有人类的空间实践，就不能称之为地方。地方可以被视为一个客体，但更确切地说，地方是某个主体的客体，是带有意义和感觉价值的中心，是空间经过人的居住、情感和记忆的累积、意象和符号的赋予、认同和安全感的建立后，被转型成为地方。地方差异是资本累积过程中不均衡发展的结果，而不同地方对资本力量的不同响应也催生新的空间秩序和社会关系，地方性的形成就是空间叠写产生新的地方和地方认同的过程，而人类对地方的积极实践会使人递减的情感纽带升华为恋地情结，也就是说地方的安全或稳定能够影响人们感知空间的开放和威胁。

空间和地方是人们生活的基本要素，空间的活动是激活地方的实践，地方是空间被赋予意义所形成的，是有价值凝结的中心。空间绝非仅仅是几何和地理角度的自然事实，而是横跨了物质、精神的综合概念。空间概念比地方更加抽象，是类似于时间的一种坐标，对于"地方"的稳定性和边界性，空间的构成有着时间、速度、反向等矢量变数（米切尔，2014），当人们赋予其意义时——例如为生活的空间命名——空间就变成了地方。作为旅游景观，乡村的自然空间属性既巍然屹立于历史发展之中客观存在着，也同时在现代化背景下的旅游业中被重新建构着。在大众旅游发展中，乡村的自然物质空间成为基础媒介，通过人类能动的建构，使其自然物质因素在景观的文化叙事中构成意义生产的背景，进而实现乡村空间中人文元素的再生产。

在历史发展之中，文化空间始终与认同、记忆等紧密相连。一方面，文化空间可以通过共同的符号，使区域共同体内的人们分享共同的记忆并作用于身份认同（阿斯曼，2016）；另一方面，地方性文化特征的塑造是自然物质景观（如建筑）与记忆相互作用的结果，而作为客观存在的自然物质景观又通过主体记忆形成主观映象，经过景观与记忆的相互作用，进而影响着主体对地方的认同感（李凡等，2010）。例如，具有地方性或历史性特色的古民宅，更易激发起有关群体认同的记忆（贝文，2010）。

景观是居住在特定土地上的人类留下的自身痕迹，是对人与自然互动的结果的呈现，是由"地方"和"空间"所组成的多维图像。可以说景观是一种文化形象，也是一种文化过程（Hirsch and O'Hanlon，1995），时而还是一种文化产品（Robertson and Richards，2003），反映一个地域的自然环境与社会关系的图像，它看似是静态的，实则却是动态的，一方面随着历史演进而变化，呈现一条隐约的人类社会发展时间线；另一方面也处于和人类活动的持续互动过程中。此外，景观可以是物理的、地理的、图像的、符号的、权力的、意识形态的，等等，其自身具备文化的识别功能，是地方本真的体现，或者说是艺术化的地方本真和空间生产。

景观依附于地方，其生成与变迁都受到地方的文化影响（刘宏芳，2014），没有地方，就不会有景观的意义。景观和地方的最大不同是景观有着强烈的视觉观念意义，景观的观者必是位于景观位置之外，而地方的观者却可以置身地方其中（克雷斯维尔，2006）。而任何景观总是以空间的形式出现，空间的概念与权力相联系，因此景观也总是浸透于权力与知识的关系之中（达比，2018）。景观维度突出主客同一的现象学本质，是对人与自然互动的结果的直接呈现。从现象学角度来说，景观是居住在特定土地上的人类留下的自身痕迹。人类对景观的感知包含着视觉、听觉、嗅觉、触觉等不同维度，是由地方和空间所组成的多维图像。

概括来说，地方、空间和景观作为可以从不同角度激活的概念结构，地方是特定的场所，是景观和空间的根基，空间是一个被实践的"地方"，是被人类行为和活动所激活的"地方"，景观则是被凝视的地方和空间。地方必然成为空间，而地方和空间共同成为景观，在此过程中文化的形塑作用显露无遗。当然，如果从哲学角度与文化研究学去具体分析，对特定地方和空间的支配、框定与编码也可以理解为权力的运作。此外，景观不仅仅是一个名词，也是一个动词，或者说它具有从名词变为动词、从动词化为名词的性质，也就是说，景观既是观看和体察世界的文本，也是一个涉及社会和主体身份互动的过程，在乡村旅游中，游客能动地凝视和寻找如画美，乡村原住民也能动地凸显和改造着一些舞台化景观。

2.2 地方：在寻找中维护和建设的地方本真

2.2.1 地方学说在可持续乡村旅游上的理论张力

"地方"可以被认为是人们日常生活所建构的社会网络中的一个节点（Adams et al.，2001）。20世纪70年代，地方概念被引入人文地理学前沿，被定义为感知的价值中心及社会文化的载体，并以主观性的日常生活体验为特征，与抽象的、理性化的空间概念相区分。从存在主义观点来看，人类通过在空间内的栖居不断体验地方，"地方"逐渐成为自我的有机组成，因此地方常常与记忆、认同等理论联系在一起。而在旅游地理学领域，地方性和地方感作为两个概念语词，其发生语境常常呈现分离状态。从经济地理学方向来说，地方感是体验经济背景下旅游学的重点研究内容之一；从文化地理学方向来说，地方性建设是全球化趋势下旅游业发展的重要元素。

作为学术概念，"地方"先是在1947年由怀特提出，到20世纪70年代被段义孚等人文地理学者正式确立为探讨人地关系的重要概念，随后又依次衍生出地方认同、地方感、地方依赖等概念。地方的内涵是关于主体（人）、客观环境（地方）、地方活动（行为）三者相互作用的结果，其尺度弹性覆盖某个具体的地点区位和抽象的（历史、社会、文化等）地方生态，通过主体的能动作用，人地关系在地方活动中得到不断整合。

地方的地理文脉在积淀后构成地方性（Placeness）。地方性描述着地方化本质，是地域地理现象的表征。乡村原住民既是乡村旅游地"地方"的建构主体，也是其地方性的根本来源。而一个地方赋予人的体验便是地方感（Sense of Place）。广义的地方感是指关于个体（及群体）和地方之间的联系，具体包括根植性与地方感，前者主要指涉心理情感的依附，后者主要指涉身份认同。而在狭义概念上，地方感即由地方的固有特性和人们对地方的情感组成，具体可以划分为地方依恋、地方依赖、地方认同。

文化是人类依托自身所生存的自然环境而产生的，因此具有明显的地方印记（杨骏，2015）。而旅游是经济活动，旅游是消费地方的过程。从符号学角度来说，商品的实用价值和符号性价值都是消费者的重要考虑因素（鲍德里亚，2000），乡村旅游地在地方意义上具有符号属性，因此是一种被消费的"旅游商品"。乡村旅游既是对乡村地方本真的资源利用，也是在全球化浪潮中对自身文化价值的认知，还是对其地方性的唤醒。在可持续乡村旅游中，旅游者与地方的关系是旅游体验的本质基础，地方即是旅游体验的情感交换中心。旅游行为的目的是获得具有地域差异的异域体验，而地域差异的本质即是地方性。旅游者对某一地方的地方感的形成受到个人因素、物理环境因素、社会环境因素的共同影响。从文化地理学与经济地理学来说，地方性建设是全球化趋势下旅游业发展的重要元素，地方感也是体验经济背景下旅游研究的重点内容，地方理论对可持续乡村旅游资源的开发与保护、景观保护与规划都具有重要意义。

虽然乡村旅游的产品类型与业态已经随着社会经济发展而越发丰富，但是在当前全球化、现代化与城市化的大背景之下，"怀旧"情感在人们的生活与消费中正越发突出，因此在乡村度假、乡村康养、乡村研学等众多乡村旅游类型之中，乡村人文资源基础在体现"乡愁"等怀旧要素时显得尤其重要，这也再次凸显出文化本真性在可持续乡村旅游发展中的重要性。而乡村人文资源与"地方"有着紧密联结，乡村文化本真性内涵在很大程度上体现为一种地方性，而地方性也在乡村"自然景观"与"人文景观"上都有所体现。"地方"不仅是世界的一部分客观存在，还是理解世界的方式。作为地理学的重要概念，地方着重从人的主观层面来认识和理解人地关系，承载着特定的人、物和事件，是集体记忆形成的空间，既具备一种相对永恒的性质，又在全球化和城市化等外部因素驱动下具有流动变化的意义。

2.2.2　地方性知识、地方依赖与地方认同的驱动作用

可持续乡村旅游中的乡村地方本真的寻找、维护和建设可以借鉴文化遗产研究领域的"旅游活化"基本范式。旅游活化是呈现文化景观、促进本真性文化可持续发展的最佳活化方式，是"对旅游资源更新、再生、可持续等内涵的深化和拓展"[①]，可以被划分为三种基本范式[②]：一是客观主义的活化模式，即博物馆模式；二是建构主义的活化模式，即实景再现模式；三是述行主义的活化模式，也就是舞台化表现模式。这三种基本范式应用在可持续乡村旅游地方本真的寻找和利用上，在乡村景观的自然生态环境上，注重客观主义的活化模式，不破坏生态系统、不意图改造生态规律，在尊重生态环境和保护自然资源的基础上实现可持续乡村旅游发展；在乡村景观的文化生态上，针对地方性的生产方式和生活方式，采用建构主义的活化模式，对乡土性文化进行实景再现；并在此基础上配合一定的述行主义活化模式，对乡村民俗节庆等活动进行适度的舞台化表现。寻找、建设和维护地方本真，是为将乡村的地方性资源转化为乡村旅游产品，在保存传统文化要素的同时建构新的经济功能，以此代替对乡村文化的静态标本式保护。具体来说，寻找、维护和建设乡村地方本真需要在外部的全球化与城市化背景下，利用地方性知识、地方依赖、地方认同的多轮驱动作用，如图2-2所示。

---

① 高璟，吴必虎，赵之枫. 基于文化地理学视角的传统村落旅游活化可持续路径模型建构［J］. 地域研究与开发，2020，39（4）：73-78.
② 吴必虎，王梦婷. 遗产活化、原址价值与呈现方式［J］. 旅游学刊，2018，33（9）：3-5.

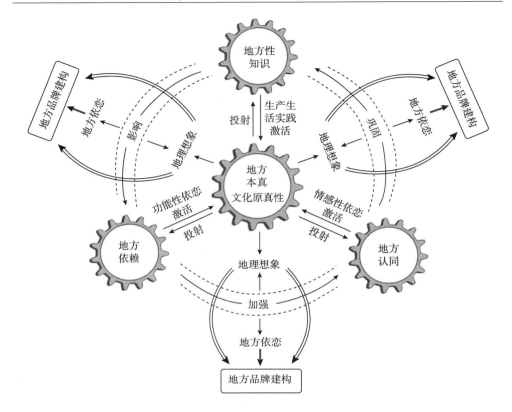

图 2-2 地方性知识、地方依赖与地方认同的驱动作用

（1）以地方本真为核心

根据段义孚对地方的概念分类，地方包括"公共符号"和"呵护场所"两种意义（Tuan，1979）。地方的公共符号意义表现在它能够将空间组织为具有意义的中心，如田园广场、纪念碑等；地方的呵护场所意义则表现在它能成为提供放松和愉快感觉的空间，是人类长期接触和经验所形成的，其自身的地方感源于人的内在记忆和人与人的亲密关系（Tuan，1996），如故乡村落、家、小卖部、咖啡馆等。乡村旅游地对外来游客而言是一种公共符号，在现代化的旅游竞争中表达着地方性魅力；对于乡村本地原住民而言则是呵护场所，是当地居民世代生活栖居的家园，寄存着地域共同体内的集体记忆、联结着人与地方的情感。而乡村在公众符号意义上的吸引力引擎也正是来源于呵护场所意义上的地方本真。旅游场域的形成使乡村地区日常生产生活中常见的物质与非物质资源都能够转化为

具有资本属性的旅游吸引物，如传统民居、餐饮、节庆仪式，以及浣洗或耕作等生活生产场景。这些资源的核心便是乡村旅游地的本真性文化。

在乡村旅游语境下，地方性的感知主体是本地居民与外来游客双方。除了乡村原住民会对自身社会文化积淀而成的地方性产生认同，外来游客也需要凭借地方性获得并升华旅游体验。此外，地方性的识别除了具身的体验外，也可以经由各种文本（如文字、图片、影视、音乐等）加以塑造或强化，而这些文本显然也是以乡村旅游地地方本真为核心的创作。

此外，围绕地方本真这一核心，外在的全球化背景使乡村旅游地的地方文化不断交流与融合。全球化在本质上是指经济意义的全球化，而现实却远非只涉及的"经济"要素，在全球化的大背景下，围绕"文化"要素会出现文化的非领土扩张或文化的本土重建。因此全球化的外在因素也会使地方记忆和传统被重新定义，使地方在地方内部与地方之间的文化关系影响下呈现流动性的特征。针对全球化的现象，哈维提出了"时空压缩"观点，认为在这种背景下，地方特质在资本的全球化积累中变得更加重要。虽然时空压缩也带来了对地方性或地方感丧失的担心，但相对于地方保守和边界封闭的传统认知，"地方—全球"关系下的地方产生出"进步的地方感"（Progressive Sense of Place）①，推动着人们对乡村的地方传统抱持进步的眼光。

（2）利用多轮驱动作用

由于地方是"日常生活经验的特别场所"，乡村原住民的生活经验与地方性知识（Local Knowledge）互为一体。地方性知识的内容涵盖着动植物、气候、水文、土壤等诸多方面，对乡村生态环境和生物多样性保护有着积极作用，具有生态、文化、教育等价值，承载着当地原住民的价值观念，包含着当地原住民对自然的认识和信仰，也是产生地方感和培养地方认同的认知基础和关键力量。

地方依赖（Place Dependence）在概念上是指个体对地方产生的功能依赖和行为忠诚（Williams and Vaske，2003），具体包含两个维度：一是地方所提供的人们赖以生存的资源；二是人们对生活的地方区别于其他地方的资源优势需求。从乡村旅游内部视角来看，乡村原住民对长期生活的当地有着经济与情感依恋，难以轻易取代的"靠山吃山、靠水吃水"的现实；从乡村旅游外部视角来看，游客在旅游动机上会对乡村旅游区域产生地方性的功能需求。

---

①　Massey D. Space，Place and Gender［M］. Cambridge：Polity Press，1994.

以地方依赖为基础的地方认同（Place Identity）是指个体或群体通过地方来建构自身的位置与角色，于是地方不再是人类活动的物理背景，而是成为自我的组成部分。认同是一种适应、融合、评价的过程。从乡村内部视点而言，地方认同既体现了人们对地方的情感依恋，又超过情感依恋的意义，是态度、思想、行为倾向的集合体。从乡村外部视点来看，地方认同也反映地方意象与外来游客自我概念的重要联系（曲颖等，2020）。在现代化和全球化的背景下，地方并不是封闭的，因此地方认同也具有流动性、再造性。

以地方本真为核心，外在的全球化背景使乡村的地方文化不断与外界交流与融合，使地方记忆和传统被重新定义。地方依赖以强调主体与地方的功能性依恋激活乡村旅游地的地方本真，地方认同以强调主体与地方的情感性依恋激活乡村旅游地的地方本真，主体对乡村的功能性依恋又加强了其对地方产生情感上的认同，于是又加深了对乡村的地方依赖。根植于地方的地方性知识，以运用在乡村生产生活之中的实践激活地方本真，被情感上的地方认同所巩固，影响着地方依赖，继而也共同影响着地方认同。

2.3　空间：在资本流通中追求空间正义

2.3.1　空间学说在可持续乡村旅游上的理论张力

"空间"作为人类的生存维度，有着复杂的性质。在马克思主义理论中，空间被认为是自然界提供的消费品，也就是一种支持物质生产的外部环境；英国地理学家哈维则反对形式的空间，认为把空间视为容器则是相当于近代物理学的"绝对空间"；而法国社会学家列斐伏尔（2008）称空间是一种完全充斥着意识形态的表现，空间生产社会关系，同时也被社会关系生产。空间不仅仅是一种单纯的物质实体，同时也是在社会实践中被不断生产的政治性产物。当社会空间被视为一种劳动产品时，它既指向自然又指向人类，既是消费的客体又是统治的工具和斗争的场所，甚至具有福柯（Michel Foucault）与边沁（Jeremy Bentham）意义上的全景式的规训和惩戒功能。1973 年，哈维用相对空间与相关空间的概念来突出空间是人类社会生产与被生产的对象。之后，列斐伏尔以马克思实践生产理论为基础，将空间生产理论的核心架构阐释为三元辩证的思想体系，即空间生产过程的实现是通过空间的实践、空间的表征、表征的空间，从认识论的角度则可与之对应地将社会空间划分为感知的空间、构想的空间、生活的空间。空间的表征通常主导或影响着表征的空间和空间的实践，空间的实践支持和体现着另外两者，空间的表征与表征的空间以支配或抵抗的方式激活空间的实践。归纳来说，空间生产的实质离不开自然的"人化"过程，"空间"作为一个整体也成为一种生产资料，在某种程度上如商品一样，是被生产和再生产的对象。

当乡村作为地域实体发生旅游经济活动时，意味着以旅游为媒介的资本和权力等结构性力量相互交织、渗透，重塑乡村旅游地的地理空间。可持续乡村旅游的发展并非简单的"旅游开发"和"门票经济"，而是通过导入现代旅游功能来修复和完善乡村的生产与生活功能、推动传统与现代的融合。旅游功能的导入意味着乡村旅游也是一种空间生产行为，其本质是乡村的地域空间被开发、利用和改造的过程，也就是通过旅游活动，也即人的实践活动，形成的物质和社会关系的空间重构。再结合哈维对空间生产的解释，可持续乡村旅游的空间生产既是以资本和权力为核心的社会、经济、文化等要素对旅游空间的结构、形态、关系的不断重新塑造，也是当地社会关系的重组和再生产，其中，空间的实践是指能够被人们感知到的物质性的空间生产，包括乡村的生态环境和建筑等；空间的表征是将个体所感知到的乡村旅游景观以意识形态的空间呈现出来，如各种地域风俗、仪式或制度等；表征的空间则是乡村物质与精神所整合的体验。乡村旅游的空间重构一般以生产、生活、生态空间的融合发展为基本特征，相关研究一般也以"三生"空间作为切入点，分析乡村旅游的空间重构的过程、特点和规律。

从空间生产理论出发，权力和资本等要素构建了乡村旅游空间，影响着乡村原住民等主体的角色扮演。乡村旅游空间生产可持续的内在机理是在权力和资本影响下，由多元利益主体建构出合理有效、协调有序的旅游制度空间、经济空间、社会空间，不同角色主体也通过微观空间生产促动着乡村旅游空间的景观化、商业化、制度化。在多元主体的领域化行为作用下，乡村旅游的社会空间变迁是持续的领域化过程，权力关系在空间化中实现生产与再生产（翁时秀、杨继荣，2020）。可见，随着内部经济发展需求和外部旅游市场需求的助推，在资本的注入下，多种力量影响着可持续乡村旅游发展的政治、经济与社会的变迁和重构。旅游产业所带来的社会资本和国家权力等现代性与流动性力量，使乡村空间呈现撕裂与解体的趋势，发生破碎化、脱域化、无序化等乡村空间异化问题，使乡村的空间解构与重构处于持续的动态过程。

2.3.2 利益主体博弈与文化资本实践的驱动作用

旅游语境下，乡村的物质空间生产是指旅游开发使乡村的物质景观（如民居建筑、原住民生活空间的水域或森林等）被赋予了旅游符号；非物质空间生产则是以物质实体作为媒介、以精神符号作为主要内涵的符号化空间生产，包括文化空间生产和社会空间生产。文化空间生产是指在旅游场域形成后，当地的本真性文化成为旅游消费的符号化目的，而外来游客的进入也携带着其他地区的多元文化，渗入乡村原住民的言行举止与生活方式之中，使乡村的传统文化与外来文化相碰撞，因此也重塑了文化空间的社会关系。

"空间"是关于人类活动的空间，随着旅游场域的形成，政府规划与管理、市场需求与供给等权力和资本要素以乡村的旅游发展为表现舞台，产生更多经济利益或政治收益的利益相关者，使乡村原本相对团结和单一的空间共同体衍生为复杂的利益相关主体结构，使乡村的空间秩序并非是原有空间秩序的简单叠加，而是多元利益相关主体协商下的重塑。同时，旅游是经济行为，从某种程度而言，文化资本也已经是一种经济基础（Zukin，1996），和政治、市场等要素共同驱动或制约着乡村的旅游消费空间。尤其是当前经济社会已经进入体验经济时代，文化游、生态游、探险游等形式成为新的旅游方式，旅游者的满足点逐渐从普通的大众旅游转型为文化资本的提高（Shaw and Williams，2004）。因此，多元利益主体博弈和文化资本实践对可持续乡村旅游中有关空间正义的追求形成双轮影响因素，如图 2-3 所示。

（1）多元利益主体博弈

在马克思主义哲学中，空间是由社会关系所建构的，是反映主体所缔结的社会关系状态。20 世纪 70 年代以来，社会科学的空间转向开始聚焦空间正义问题，哈维提出空间正义是一种"领地再分配式正义"，强调社会资源以正义的方式实现公正的地理分配过程。这也意味着空间问题必然是一种主体性问题，旅游业的渗透引发乡村的多元主体对空间的主体性争夺，空间中主体的博弈形塑着空间、影响着空间的重构。

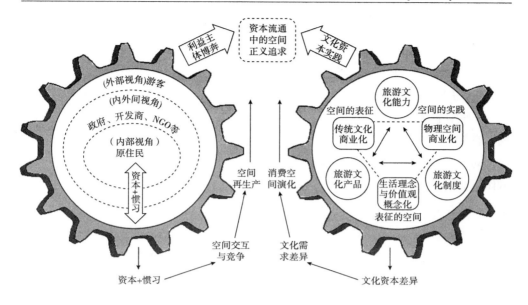

图 2-3 乡村旅游地空间解构与重构的双轮驱动机制

可持续发展是立足于人类命运共同体高度的发展模式，可持续乡村旅游显然是涉及多元利益主体的发展模式。利益相关者理论起源于战略管理领域，最初是用来指企业经营管理者平衡各方利益需求的管理活动，后来被广泛应用于旅游管理。乡村旅游作为一种经济活动，在规划、开发和运营中涉及多元利益相关者，各利益相关主体有着不同的利益诉求，彼此间存在利益共同体或矛盾体的关系。利益相关者的合作与原住民的参与是乡村旅游可持续发展的关键（Saxena and Il-bery，2008），利益相关者之间正式的或非正式的网络促进着彼此间的利益互补与经营协同（Petrou et al.，2007）对推动可持续乡村旅游有着重要作用。但在乡村旅游发展中，各利益相关者间必然存在权力、资本、信息等要素的不均衡，如乡村原住民就存在这些要素上的先天弱势，而要素的失衡最终会影响乡村旅游的和谐发展。可持续乡村旅游的景观管理显然需要各利益相关者间达成平衡与和谐的利益关系，必然涉及相关利益主体的博弈。

可持续乡村旅游的利益相关主体可以划分为三个层次：旅游空间内部视角主体、外部视角主体、内外间视角主体。内部视角主体主要指乡村原住居民；外部视角主体主要指到访乡村旅游地的游客；内外间视角主体则包括政府管理部门、旅游开发商与经营商或务工者、相关的 NGO 组织或科研机构等。

在乡村旅游空间生产中，原住民是重要的利益主体。一般而言，乡村社区所获得的旅游效益与乡村原住民的旅游参与程度成正比，原住民对乡村旅游产业的态度也与乡村社区对乡村旅游产业的依赖程度呈正相关。乡村原住民在可持续乡村旅游中的角色同时处于两种性质之中：一是被支配性，即在旅游场域的权力和资本下的让渡状态；二是支配性，即获取资源的行动以及对空间表征的各种反抗。在旅游业进入前，乡村原住民在生产生活上具有更多的空间主导性，其空间也相对更具"闭合性"。当旅游场域形成后，在地方政府和开发商的权力与资本运作下，当地原住民则面临难以与之抗衡的发展态势。原住民的主体性并不会从空间关系中剥离，而是通过旅游空间生产表现出与旅游场域相互建构的规训与顺应等惯习，其邻里情感或权威身份等要素在旅游空间生产过程中逐步解体，形成主体的客体化，使其在空间生产上由旅游开发前的自主性逐渐向从属性演变，乡村旅游地也就相对凸显出空间的"开放性"。

（2）文化资本实践

随着多元主体的能动作用，旅游业不仅使乡村文化得以向外传播，也同时通过游客和旅游从业者将外部的多元文化带入了乡村，使传统乡村文化与现代城市文化相遇，多元文化在乡村空间中发生冲突碰撞。因此，多元利益主体博弈下的空间异化联动着乡村的文化空间变迁，文化资本显然也反过来影响着乡村旅游地的空间解构与重构。

在布迪厄的场域理论中，资本是被争夺的对象，也是进行争夺的动力，场域中的主体为占有资源而发生竞争和冲突，从而推动着场域的发展。其中，文化资本泛指与文化（活动）相关的有形或无形资产，可以被理解为非正式的态度、语言风格、生活方式等。构成文化资本的三种存在形式分别是文化能力、文化产品、文化制度，在可持续乡村旅游语境下，具体化的乡村旅游文化资本即文化能力，文化能力和经济资本共同生成乡村旅游文化产品，而乡村旅游文化制度是社会关系博弈的结果（吴启焰、王兆杰，2011）。旅游场域形成过程中的权力、资本、惯习，都在不同程度上改变着当地的物质空间、文化空间、社会空间，尤其是文化资本推动着乡村旅游地的空间意义和符号演化（Montero，2015）。其一，文化资本生产和形塑着乡村物理空间，使其物理空间在保留外形样态的基础上，产生商业化的内里"翻新"。其二，通过文化资本的符号再现与创造，乡村旅游景观形成了概念化的构想的空间，生产反映当地人地关系的生活理念和价值观。旅游者不仅消费客观的旅游对象本身，也消费其中能够象征品位、兴趣、身份等意义的信息，正如鲍德里亚的理论，旅游活动不仅是工具性的消费，还是符号性消费，或从布迪厄的场域理论来说，旅游者在旅游消费中经历的是对区隔的寻觅。其三，商品化的文化是一种"渐变真实"，通过节日的日常化、仪式的世俗化等手段，传统文化在乡村旅游空间生产中既得以重塑为具有消费品性质的商业化文化，也得以在体验经济中传承和传播。

旅游场域同其他场域一样，都是资本竞争的空间，文化资本积累的程度越高，文化鉴赏和消费水平也普遍越高，游客的文化资本差异更会造成文化需求的差异，影响乡村的消费空间演化，进而，驱动并影响可持续乡村旅游资本流通中的空间正义追求。

2.4 景观：在视觉表征中联动空间与地方

2.4.1 凝视学说在可持续乡村旅游上的理论张力

景观是侧重于表征的理论范畴。广义的"景观"概念包含自然形成与人为建设两种，但在旅游景观实践中，很少有完全未被人类行为干扰过的"自然景观"。具体到乡村旅游语境来说，乡村景观既是乡村旅游的吸引物，反映着人类行为与乡村旅游地生态环境的相互作用，即反映着乡村旅游地的人地关系，而这种人地关系投射到景观的表征上，通常会联系着视觉研究，凝视理论在景观维度的分析上有者极大的理论张力。

在西方文化中，早期的"凝视"理论源于对视觉体制的研究。从古希腊时期就已经存在视觉至上的观念，在西方社会渐渐形成了两千多年的"视觉中心主义"传统。20世纪中期以来，"凝视"常常出现在诸如文化、种族、性别、政治等话题里，在不同的研究语境和理论立场中有着不同的语义和用法。

在哲学领域，法国存在主义代表人物让-保罗·萨特（Jean-Paul Sartre）在1943年出版的著作《存在与虚无》中，以"凝视"（或译"注视"）来阐述"他人"的存在与"我"的存在，指出了视觉实践在建构人的主体性中的作用。在心理学领域，雅克·拉康（Jacques Lacan）于1936年首次提出镜像理论的模型设想，其后在1949年正式提出"镜像阶段"理论，以幼儿照镜子为例，进行了关于匮乏与在场、成像与认同、自我的诞生（即认同产生自我）、想象与虚幻的系统化阐述。拉康的镜像理论认为，人类通过凝视镜子中的自己，会将记忆中的"他者"与镜像中的"我者"形成对比，揭示出在可见世界中是外部的"凝视"决定着"我"，使凝视成为自我认同产生的条件。并且，在拉康看来，"眼睛"和"凝视"之间存在一种分裂，也就是说，当自己作为主体去看外界时，视觉的发生是主体的"眼睛"，但被看的对象也会折返回一种"看"，这便是"凝视"。

20世纪70年代，福柯又将"权力"注入了凝视理论之中，使其"凝视"贯穿于精神诊疗、临床医学、监狱及学校等不同的研究背景之中。福柯较早提及凝视是在其《词与物》中，由一幅名画说起，从"再现"与"凝视"及两者内在的联系去讨论事物的相似性、重新审视事物的秩序。此前，在《疯癫与文明：理性时代的疯狂史》中，福柯指出医生等"专业人士"通过凝视将"正常人"与"疯癫者"区别开来，也就是说"疯癫者"的身体和精神都在凝视的权力之下被监禁；在《临床医学的诞生》里，福柯讨论了关于身体的规范，指出医生对病人的诊断和治疗是在"凝视"这种特殊的观看方式所形成的看不见的力量下进行的；继而在《规训与惩罚：监狱的诞生》中，福柯分析杰里米·边沁（Jeremy Bentham）的全景敞视监狱系统对囚犯的灵魂的控制，这种控制也正是以凝视（监视）为手段，并且福柯也将其扩大为"全景敞视主义"，认为除了监狱系统外，这种凝视（观察、注视、监视）也出现在现代社会的其他诸多场域，如医院、学校、军营等，它运作的方式是将外在的凝视内化为主体日常的自我规训。

可见，萨特、拉康、福柯等围绕凝视的视觉机制理论各有侧重。萨特将凝视理论的重点放在了"他人的凝视"上；拉康的观点则揭示了主体的分裂性，是对萨特存在主义"我思"传统的一种挑战，同时也潜在地显示出凝视是无处不在的，并非是单向度的；而福柯则注重凝视中的权力运作。凝视涉及"知识"，是一种权力控制的手段，因此凝视既有压制性也有生产性（如促进性、启发性等）。凝视的作用力普遍存在于现代社会。英国学者约翰·伯格（John Berger）在《观看之道》中也提到，"观看先于语言""正是观看确立了我们在周围世界的位置"①。20世纪90年代，约翰·厄里（John Urry）提出了"旅游凝视"的概念，成为视觉体制研究在旅游场域应用的重要发展。

---

① 伯格. 观看之道［M］. 戴行钺，译. 桂林：广西师范大学出版社，2005：1-2.

厄里的旅游凝视与福柯的凝视理论密切相关，两者既有意义共同之处，也有基调不同之处。厄里在《旅游凝视》（*The Tourist Gaze*）的一开篇就提及了福柯的凝视理论，将自己所要谈的旅游凝视与福柯的"医学凝视"区别开来，指出自己所关注的是关于"愉悦"的场域，虽然两者有着不同的秩序，旅游凝视却与"医学凝视"一样是被社会化时被组织与系统化的。厄里以旅游凝视为工具去分析现代大众旅游的运行逻辑、产生的影响、旅游者的偏好和行为特征等问题。大众旅游是指大批民众共同选择的度假模式，在厄里看来，视觉在大众旅游中具有组织性，是主体探索外在世界的重要感官，它们能够建构并编排旅游者的各种感受。

厄里的旅游凝视是西方凝视理论的新发展。福柯的凝视理论以权力与知识为核心，指出凝视中蕴藏着一种不平等性，而游客与旅游地原住民之间凝视与被凝视的关系也很可能蕴含着不平等性。在旅游景观被开发的过程中，开发者对凝视对象的塑造，也很可能是以吸引力为目标去建构一套能够控制游客视觉的系统，以达到强迫"凝视"、内化"凝视"的效果，在这一层面上，旅游凝视也与福柯分析的全景敞视主义有着紧密联系。另外，福柯与拉康等的凝视理论皆有着一层"想象"属性，而旅游凝视中也存在着这种想象成分，游客在景观之中会借助想象系统去获得信息、传递情感等，而旅游开发者在开发旅游景观时也很可能以对凝视者及凝视效果的想象去设计和改造景观。

综合从萨特到厄里的凝视理论脉络不难发现，"凝视"并非一种单向的、隔岸的观望，而是一种主客体间双向的行为，在凝视的主体与客体之间会存在施压、迎合、投射欲望、自我调节等微妙的互动关系。也就是说，旅游凝视并非以"眼睛"为中心，并非仅仅是一种视觉上的动作，而是有"思索"在内的，是以视觉媒介为主要工具的一种"集中"或"关注"（Focus）。旅游凝视也并非旅游的单一目的，而是一种实现旅游体验的途径，其中涉及意义的生产与交流。

2.4.2 旅游凝视双向循环的驱动作用

在旅游活动中，乡村既是自我表达的独立实体，又是游客凝视的投射对象，旅游凝视不仅意味着游客对乡村物质景观的"望见"（Gaze Upon），还包括对乡村原住民生活风俗等非物质景观的"观看"与"体察"。虽然后者也会夹杂着听觉、嗅觉、触觉等不同的感官作用，如对乡村当地生产生活的观察、对民俗歌谣的欣赏、对特色饮食的品尝等，但是在当代大众旅游活动中，视觉感观仍然是旅游者在旅游中最直接、最基础的消费方式。这是因为"观看"并非是对刺激所做的机械反应，而是一种选择性的行为，游客在乡村中所看到、听到甚至品尝到的，必然都是自身选择去"观看"到的东西。可以说，乡村旅游资源是通过旅游者的凝视被消费的，并且旅游凝视的作用也不是单向的和静态的。

从方向性来说，旅游凝视并非是仅限于来自游客这单一群体的凝视，并非是旅游者和原住民之间简单的二元关系结构。游客与乡村原住民之间存在相互的、双向的凝视，这种"互视"被视为游客与原住民之间的一种力量抗衡。原住民会在游客的凝视中表述对自身文化的理解和体验，也会用当地人凝视（Local Gaze）来保护或调整自身的文化结构，也就是说，外来游客与乡村原住民间的相互凝视影响着乡村原住民自身文化认同的过程。"乡村"是旅游凝视的对象，而"凝视"也属于"乡村"的一部分。虽然旅游者可能并未能意识到自己将其他游客也当作了凝视的对象、自身也成为其他人的凝视对象，但是事实上填充在凝视对象之中的内容包含着乡村所在土地的自然形态、人文形态及其他旅游者和他们所携带着的文化。

从时间性来说，旅游凝视对乡村旅游意义生产的干预机制并非是某个瞬间的一次性动作，而是一个动态阶段，也就是说，乡村旅游的意义生产与交流发生在旅游凝视的整个过程之中。国外有学者以初始凝视、大众凝视、本真性凝视这三种凝视方式和阶段去分析旅游者视角下地方民俗文化向流行文化的转变（Xie et al.，2007），我国有学者从认知角度提出前凝视、凝视、凝视记忆等不同的旅游凝视环节（周宪，2008），也有学者用"旅游循环凝视"的4个阶段阐述凝视作用下人们由浅层文化表象向深层文化认同的文化变迁（孙九霞，2019），这种循环凝视的思考显然受到了哲学阐释学中"阐释的循环"的启发。从时间维度而言，乡村旅游的发生并非仅仅关乎游客身处乡村实地的时间阶段，也包含着到达旅游地之前的旅游规划阶段以及离开旅游地之后的回忆或回味阶段。因此，旅游凝视在乡村旅游发展的过程中有着重要的作用，并且体现在旅游前、旅游中、旅游后等不同阶段。具体来说，旅游前阶段以"想象"为中心的凝视感知、旅游中阶段以"印证"为中心的凝视认知、旅游后阶段以"嵌入"为中心的凝视记忆。

（1）想象：旅游前阶段的凝视感知

"旅游前阶段"指旅游者在决定并计划旅游、到达实际的旅游地点之前的时间。在出发前往旅游地之前，旅游者会根据想要获得的体验而制订旅游目标和计划，并形成心理预期，这种心理预期关系着旅游者的主观建构，因此旅游凝视也被认为是基于差异的社会建构的产物。伯格曾提到，"我们观看事物的方式会受到自身知识与信仰的影响"①，关于旅游期望与旅游计划的影响因素主要来源于两个方面，一方面受到旅游者自身的知识和经验背景的导向，另一方面则受到大众文化的表征操纵，两者共同作用，形成一种关于旅游地的前理解、前凝视，也即游客对旅游地的感知。

旅游者的前凝视，指的是对旅游地的想象性的凝视，类似阐释学中所说的前理解。在电子媒体高度发达、信息爆炸的今天，游客在到达乡村旅游地之前，早已主动或被动地被无数关于旅游目的地的文字信息、影像信息狂轰滥炸过了。除了以乡村旅游地为环境背景的大量影视作品，随手一搜，诸如《情潜西递》《宏村如画》这样的由官方或个体拍摄的古村落纪录片、宣传片或微电影也会海量出现。在交通出行票务预订的门户网站和各大社交网络平台中，也会有许多关于乡村旅游地景点、食宿的文字性评价或图文并茂的旅游博文和旅游日志。还有各类网红博主上传的以乡村旅游地为背景的静态硬照或 Vlog 视频等，一些景点、餐馆、民宿或客栈在人们的热捧中成为"网红"。这些文字、画面或视频中乡村旅游地风貌，连同游客的观感，一点一滴地影响着人们对某一乡村旅游地的印象、构筑着人们的想象。它们共同成为旅游者的前理解，或成为一种动力，前去旅游地印证，或足不出门、精神出游，成为对一个地方的刻板印象。这些都算是游客在旅游前阶段的凝视感知，是游客自身对乡村旅游地的主观想象。

（2）印证：旅游中的凝视认知

旅游中的凝视，是指旅游者在旅游目的地的亲身旅游体验。此时，旅游者会根据实地的凝视结果与此前的想象结果进行一种潜在的比较，发现差异、校正印象、协商意义、生成观念。这是从感知到认知的过程，一种"综合了自身对地方持有的信念、观点、印象与知觉的整体表现"②。旅游凝视也同样受到旅游者自身背景和大众文化表征的持续影响。

举例来说，在以青山绿水、粉墙黛瓦的田园风光著称的安徽省唐模乡村中，水口园林"檀干园""水街""许承尧先生墓"等都是反映地方性人文历史特色的本真性文化。以宗祠林立为特色的安徽省南屏乡村中，始建于明成化年间的叶

---

① 伯格. 观看之道［M］. 戴行钺，译. 桂林：广西师范大学出版社，2005：2.

② Crompton J L. An Assessment of the Image of Mexico as a Vacation Destination and the Influence of Geographical Location upon That Image［J］. Journal of Travel Research，1979，17（4）：18-23.

氏宗祠"叙秩堂"、晚清徽商巨贾李宗眉的李氏支祠、家族私塾"抱一书斋"等都是投射着地方性历史宗族文化的景观，游客对它们的凝视都属于一种对景观的凝视。这些景观呈现着当地的文化本真性，展示着乡村旅游地原住民由悠久历史传承而来的生活印迹，旅游者对它们的凝视认知印证着自身对当地的地理想象。

游客在乡村旅游地的浏览时刻是一种印证，有时与此前的想象一致，将凝视感知强化；有时是与想象有出入，需要调整；也有时凝视认知与凝视感知大相径庭，就有可能影响旅游体验，使游客对乡村旅游地产生不满情绪，进而为乡村旅游发展带来消极影响。虽然游客的不满情绪多与旅游基础设施有关，但是乡村旅游地的商业化气息浓重、消费内容过多且消费内容千篇一律等才是关键问题。

（3）嵌入：旅游后的凝视记忆

在从旅游地离开的旅游后阶段中，前一阶段的体验变成回忆，也即凝视记忆。回忆与感知分别朝向"过去"与"现在"两个不同时间维度，但两者的体验有着相似之处。在旅游中阶段，旅游者会对乡村旅游地的文化展示进行编码，获取乡村之中的文化记忆，这些在旅行中获得的文化记忆又将成为旅游者自身文化记忆再生产的资源，从而在旅游后阶段形成新的文化记忆；而这种凝视记忆又将融入旅游者的个人知识经验背景之中，进而再去影响下一次的旅游感知和认知，形成一种不断的循环。而当旅游者给友人寄明信片、写游记、分享照片或公开发表，这种旅游后的凝视记忆同时就转化为未曾到此一游的人们关于此地的前凝视、前理解。

当然，这种凝视记忆的嵌入既包括乡村的生活印迹，也包括乡村旅游地的消费痕迹。试回想，人们在网络等媒介上所看到过的关于××乡村旅游地的摄影或美术作品或游记等，既有当地真实历史建筑风貌（如各种古老的民宅、受保护的文物等），也有当地人民生活或劳作的场面（如在溪边洗衣服的百姓、住宅外晾晒的谷物等），还可能有为配合现代大众旅游而开设的商品小店、融合外来文化的咖啡厅或酒吧、各种舞台化的文艺汇演等。凝视记忆是关于主体在旅游过程中对特定景观的感官记忆的再现或复述，显然，乡村旅游地景观中传统的民俗文化内涵、人与自然的和谐价值观念等，都可以通过凝视记忆得到延续，使人们从现代性与机械化之中受到"诗意地栖居"的文化滋养，这使乡村旅游中的生活印迹尤为重要。

总而言之，在地方维度上，可持续乡村旅游对地方本真的寻找、建设和维护是以外部的全球化力量及内部的地方性知识、地方依赖、地方认同为多轮驱动。

虽然在旅游语境下的地方充斥着资本的意味，但是地方始终是生活的场所，资本并非是地方的关键属性，栖居意义上的地方本真才是地方的意义内核。因此，可持续乡村旅游在地方维度上对地方本真的利用并不是单纯的经济至上原则，而是通过导入旅游产业使乡村的地方价值在使用价值和情感价值双重维度上达成和谐的可持续发展。

在空间维度上，通过解析可持续乡村旅游发展的空间生产体系可知，可持续乡村旅游需要解决主体性问题。乡村地域系统的可持续发展需要以利益主体博弈和文化资本实践来寻找旅游场域下的空间正义，进而还要通过利益主体博弈和文化资本实践来推动乡村旅游地的空间活化。从多元利益主体博弈来说，当旅游业进入后，乡村空间在很大程度上转变为旅游活动的舞台，地方政府、旅游开发商与经营商等身份的介入使其空间出现主体泛化的现象，这使乡村旅游的空间生产背后存在着多元主体之间的利益与权力争夺。从文化资本实践来说，旅游活动导致乡村的生态、生活和生产空间商品化，使生活空间与生产空间从后台走向前台并被赋予旅游资源的消费价值，以迎合旅游者的文化旅游消费需求。

在景观维度上，旅游凝视作为主体实现旅游体验的途径，以视觉为主要媒介，并伴有其他感官作用，是对乡村旅游景观的感知和体验。可持续乡村旅游中文化本真性的传承和发展既被旅游凝视循环影响，又通过旅游凝视循环得以实践。在旅游前阶段，凝视感知对乡村旅游地进行想象；在旅游中阶段，凝视认知对乡村旅游地进行印证和调整；在旅游后阶段，凝视记忆对旅游中的感知与认知进行再生产，产生新的文化记忆，并有可能再次作用于下一次旅游活动之中。

3 三个理论维度在可持续乡村旅游上的应用

根据对地方、空间、景观三个理论维度的梳理，可持续乡村旅游的发展与管理可以以这三个维度作为实践入口，在地方维度上，通过地方性知识、地方依赖和地方认同的多因素作用，以地方品牌建构来为地方本真注入活力；在空间维度上，通过利益主体博弈和文化资本实践的驱动，以空间解构与重构来实现空间活化；在景观维度上，通过旅游凝视循环的作用，以景观属性制衡来协调文化与资本的冲突。

3.1 以地方品牌建构来为地方本真注入活力

3.1.1 地方品牌的建构机制

乡村作为旅游目的地，是由各种物质与非物质景观构成的（对游客而言的）非惯常环境，是具有地方性特色的文化空间，其地方本真包含能够满足游憩目的的各种物质与非物质要素。游客自身生活与工作之地与乡村旅游地之间的文化差异形成了一种文化距离。根据旅游动机理论，文化距离越大越能满足游客的异质性文化体验需求。不过，文化距离也存在一定的消极影响，当文化距离增大时，旅游目的地的陌生程度和出行的潜在风险也随之加剧，有可能成为游客旅游出行决策的障碍因素，已有研究显示文化距离与旅游动机间存在倒 U 形曲线关系（马勇、童昀，2019）。无论是乡村旅游的现状困境还是可持续乡村旅游发展的关键，都需要立足于地方本真，既要保证文化本真性对游客的异质性吸引力，又要为地方本真注入活力，以避免文化异质性对游客的乡村旅游行为实践造成阻碍。

乡村旅游地的地方本真表现在乡村自然景观、乡村原住民的生产生活和风俗习惯、制度和观念等各个方面，突出文化与环境不可分割的整体性，侧重文化的地方性和真实性。在乡村旅游语境下，地方本真强调乡村当地文化的生活化，这也意味着地方本真是活态的、充满生活印迹的，具有极大的旅游资源开发价值。第一，地方本真在文化资源内容上具有稀缺性和不可再生性，在某一地区走向现代文明的过程中只可能"可持续发展"而不会再自然的重新产生；第二，地方本真在资源形态上有着明显的差异性，区别于现代文化的诸多同质性元素，正和旅游活动的异质性文化体验目的相吻合；第三，地方本真应该是活态的，它是人的生命实践，存在于人类的生产与生活方式之中，因此可以通过乡村旅游活动被旅游者实实在在的感知和体验。

乡村地方本真的寻找和建设、维护和利用都与乡村地方性的营造与地方性重构密切关联，能够通过乡村地方品牌建构加以实现。在旅游研究中，"地方品牌"也曾被等同于"旅游目的地品牌"，但地方营销与地方品牌之间有着明确区分（Govers，2011）。地方品牌并不是一种商业性标识或口号，而是地方认同的某种表述，以及建构出的内部和外部形象（Aaker and Joachimsthaler，2000）。地方品牌建设即地方品牌价值管理，涉及认同概念，但"地方"理论远非仅关乎旅游议题，而"认同"概念也涉及原住民、文化、遗产、符号等众多内容，因此"地方品牌建构"并不等同于旅游目的地品牌营销（Govers、桂颖，2013）。地方品牌生成的核心是地方符号的生产及传播（Kalandides，2011），换言之，乡村旅游的地方品牌建构也就是乡村地方本真的符号化过程。

乡村旅游是由资本驱动的场域，在地方品牌建构的过程中，地方资源向地方资本转化需要两个条件（周坤，2019）：一是市场，也就是能够且愿意消费地方资源的主体；二是稀缺性，即能够产生独特价值的文化本真性。乡村旅游地的地方资源向资本转化后包括物质资本与非物质资本两种形态。物质化的地方资本指乡村民居等建筑、生产器具、传统服饰、特色餐饮、农作物、手工艺品等；非物质的地方资本指乡村传统文化的节庆仪式、歌舞表演、语言文字等。在经济全球化背景下，地方品牌竞争已变得越发重要，乡村地方本真的寻找和建设、利用和维护，要充分适应经济全球化背景、充分重视乡村地方品牌建构、充分挖掘和利用地方性要素。

通过地方性知识、地方依赖与地方认同的驱动作用可知，地方性知识为乡村旅游地的地方品牌建构提供着文化后盾，地方依赖为其地方品牌建构提供着生活生产基础，地方认同感为其地方品牌建构提供着情感和精神动力。"地方"在价值上既具有使用价值又具有情感价值（Castree et al.，2004），以地方本真为核心，可持续乡村旅游的地方品牌建构通常以地理想象和地方依恋为载体或通路，由使用价值上的地理想象和情感价值上的地方依恋共同推动"地方"资源向资本转化，进而实现乡村旅游地的地方品牌建构（见图3-1）。

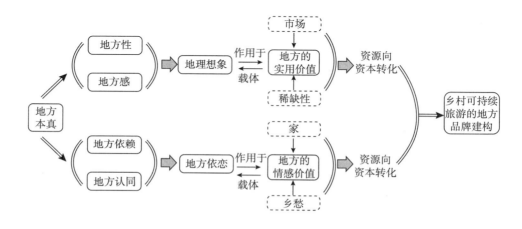

图3-1 可持续乡村旅游的地方品牌建构机制

在地方本真的驱动下，乡村物质文化与非物质文化资源形态能够凝聚出一种地理想象（Geographical Imagination），成为地方品牌建构的重要具象化表征。"想象的地理学"概念最早来自于Wright（1947）的观点，他认为所谓的未知地域是人们感知上的"未知"，这种未知引发地理想象，是一种主观构想。地理学与空间想象也是哈维的历史—地理唯物主义的核心范畴，20世纪70年代，哈维（Harvey，1973）参照米尔斯的"社会学想象"提出了"地理学想象"，强调地理想象形成于个体的主观能动性之中，认为游客对旅游地和东道主的想象不断创造着"地方"。

地理想象是人地关系中的主客角色的互动，是由地方性与地方感共同影响而成。游客对乡村旅游地的地理想象既关乎乡村地方性知识、地方依赖与地方认同作用下的地方历史和集体记忆，也关乎游客自身的知识素养和过往经历。例如，游客曾阅览与某乡村旅游地相关的文学文献、观赏关于某乡村旅游地的摄影或美术作品等，都会形成一种有关乡村当地的社会文化图像，以地理想象的形式驱使游客"寻找如画美"地进行旅游活动。虽然旅游行为始终是带有期望或目标进行的，但是地理想象除了涉及游客对旅游目的地的期望，也基于地方感的形成而在旅游体验中不断完善或转变，并具有能动作用，能够推动乡村原住民参与乡村旅游发展，也能够促进游客的旅游消费、影响重游行为，通过多次旅游经验不断雕琢关于旅游目的地的地理想象，最终延伸形成一种对地方的观看方法（Ways of Seeing）。

地方依恋是除了地理想象外的另一条通路。在乡村旅游的地方品牌建构中，以文化本真性为核心的地方性知识、地方依赖和地方认同，共同形成并影响着主体对乡村的地方依恋。地方依恋的概念在起源上与环境心理学中的"乡愁"（Nostalgia）有关，在地理学概念中与"敬地情结"（Geopiety）和"恋地情结"（Topophilia）有关。

人们对故土的依恋是普遍存在的，地方依恋是人与地方之间的情感联结。"情感"是地方依恋的最核心内涵，物质环境并不是刺激地方依恋产生的最直接原因，而是为地方依恋提供可感知对象。文化环境，也即人地关系上的文化资源，才是地方依恋形成的重要源头。根据文化资源的不同形式，地方依恋的形成要素未必都是"可见"的，除了地方性的建筑、艺术、仪式等可见的视觉景观外，地方的生产生活功能与集体记忆符号也是"非可见"的依恋要素。

乡村旅游地的文化资源以地方依恋为载体，在内外部主体的共同作用下转化为乡村旅游的地方资本，从情感价值上影响着乡村旅游发展。从内部视点来说，乡村原住民是地方塑造者，以自身在乡村旅游地的长期居住生产着"家"的意义（Stedman，2006），并通过地方依赖与地方认同，生成对家园的地方依恋，激活地方的情感价值，支撑乡村的地方文化传承。从乡村旅游的外部视点来说，游客在乡村旅游中寄托了乡愁情怀，投射了游客对自身日常生活与工作世界的逃离，也蕴含了游客对乡村旅游地的"家"想象的向往，成为维系游客与乡村旅游地之间的情感纽带。

例如，云南省大理白族自治州莸村的"接天子"仪式是当地"接佛"的一个地方性知识展演，当地原住民在这一仪式展演中表述社会记忆、建构文化认同，进而形塑乡村社会秩序，也形成了当地乡村旅游的一个地方品牌。又如，在贵州省的西江千户苗寨，源自地方本真的拦门酒和摔碗酒等民俗元素配合着生态空间的自然风景，融合成了"高山流水"的体验式乡村旅游产品。再如，云南省丽江市的落水村和开基村、四川省凉山州利加咀村，都是基于摩梭人社区来发展的乡村旅游地，围绕"泸沽湖摩梭女儿国"的地方符号，以"走婚"为例的摩梭文化配合着大众文化的媒体传播，构成了关于当地的地理想象，勾画出一幅凸显地方本真的乡村旅游发展图景，形成当地独特的乡村旅游品牌。

概括而言，在地方性知识、地方依赖、地方认同等因素的驱动下，地方性与地方感共同塑造着地理想象，在使用价值上推动乡村旅游的地方资源的活化；地方依赖与地方认同又共同构成地方依恋，在情感价值上推动乡村旅游的文化资源的活化。使用价值与情感价值共同推动乡村旅游的经济价值的形成，从而实现乡村旅游地的地方品牌建构。

3.1.2 地方品牌的建构路径

"地方"是一种实体（Entity），通常具有一个名称，具有相对的稳定性或永恒性（Harvey，1996）。地方性的形成虽然是历史积淀的过程，但与时间和空间一样，也是一种社会建构，以阿弗烈·诺斯·怀特海（Alfred North Whitehead）的过程哲学来说，"地方"和"时空"一样处于不断的建构过程之中，被过程所定义、因过程而改变，其"稳定性"是暂时的。因此乡村的地方本真会在外在的全球化和城市化背景与内在的多轮驱动作用下，通过依靠地方依恋与地理想象的地方品牌建构，发生去地方化与再地方化的循环。概括来说，可持续乡村旅游地方品牌建构的路径包括文化消费、去地方化、文化再生产、再地方化四个节点，如图 3-2 所示。

（1）路径起点：地方本真

旅游行为具有"逃离"性质，是短暂离开日常居住地或工作地的活动，也可以被视为一种边界的打破，这种边界不仅是物理意义上的，还是文化意义上的。乡村旅游得以发展的重要推动力是打破了边界的景观异质性，也就是与旅游者日常生活的惯常环境之间的差异，这种异质性体现在乡村物质景观、乡村特色商品、乡村生活方式等各个方面，而这种异质性的本质就是一种"他者"文化。"他者"文化的吸引力正是旅游者实施旅游行为的动机和目的。也就是说，乡村旅游地方品牌建构的起点就是"他者"文化的本真性。

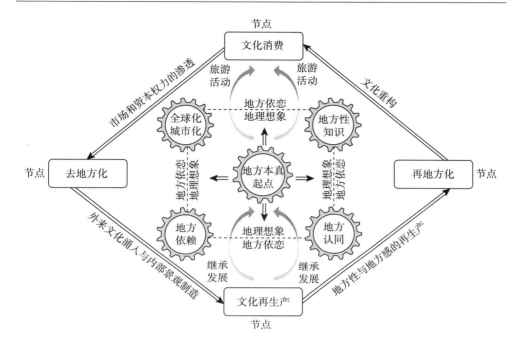

图 3-2   可持续乡村旅游的地方品牌建构路径

（2）路径节点：文化消费

体验性是旅游消费的基本属性（Sternberg，1997），而基于地方的乡村文化本真性是乡村旅游的吸引物核心，因此乡村旅游活动是一个体验地方、消费地方的过程，也就是一种文化消费。乡村旅游的文化消费是通过地方实践和体验性活动，消费基于乡村地方性的本真性文化。乡村旅游的地方品牌建构在文化消费节点上包括物质和情感两个层面。物质层面是通过乡村旅游观光产品、纪念品、食宿活动、娱乐体验等旅游消费项目，活化利用乡村的地方性的自然资源与文化资源。而情感层面，是指在旅游开发过程中，乡村原住民对旅游发展的认知与参与，涉及地方认同与地方依赖，因此，乡村旅游中的文化消费唤醒了乡村内部视角的地方依恋，也塑造了乡村外部视角主体的地方感，使乡村旅游的地方品牌建构趋于可持续发展性。

（3）路径节点：去地方化

在外部的全球化驱动下，市场和资本权力对地方的渗透会使地方失去"真实"、失去"固定的位置"，地方的真实性与特质性开始遭到破坏，趋向于"无地方"（Placeless）化（Harvey，2009），由内生性和永恒性转向关系化和动态化。

去地方化（Delocalization）的概念在 20 世纪 90 年代被提出，早期用来指建筑研究中本土文化流失和趋向国际标准化的现象，近年来人文地理研究中的无地方性（Placenessless）或非地方性（Non-Place）与地方性相对，接近于去地方化的概念。在旅游议题上，去地方化的内涵通常指外来的或标准化的产品逐渐破坏或取代本地地方化的产品。全球地方化和地方全球化的过程促使乡村旅游发生去地方化的变化，产生消费社会背景下的文化融合。

去地方化在乡村旅游中的表现覆盖着当地居住、服装、语言等多个方面。例如，在居住问题上，乡村旅游开发的商业化驱使了部分乡村原住民的外迁，并且城市游客在乡村旅游中对宜居性的要求与保留异域文化本真性体验的需求相结合，也驱使乡村旅游发展中的旅店和民宿更加现代化、标准化；在服装和餐饮问题上，外来游客携带的外部文化对乡村原住民带来了一定的冲击，产生了相互的文化沟通与融合；在语言问题上，乡村原住民与外来游客的交流需求驱使乡村当地的语言更加多元化或标准化，如普通话的普及程度相对提高、年青一代的原住民开始学习外语等。

去地方化现象使乡村原本的日常生活与旅游生活的边界开始模糊甚至消失。当乡村旅游地开始出现原本"地方化"以外的生活方式和基础设施时，诸多日常生活行为都可以融入旅游活动，多样化的度假式或生活式游憩样态也开始兴起，无疑活化了乡村的旅游资源，为可持续乡村旅游的地方本真注入了活力。

（4）路径节点：文化再生产

乡村旅游的去地方化从本质上导致了文化的再生产。乡村旅游的文化再生产是内外部多因素驱动下各种文化力量相互作用的结果。一方面是乡村在旅游发展过程中经历着大量游客和经营商的涌入，伴随而来的是外来文化和商业文化的涌入；另一方面是在经济资本转化过程中的景观制造，即通过权力和资本等力量，将地方性的习俗、文化等符号塑造为可供旅游消费的旅游吸引物，包括以借名、挪用、植入等方式进行对乡村实物、场景、仪式的主题还原，以及对文化脉络进行符号编码等，循环着"他者"文化的制造和消费。

在文化再生产节点上，可持续乡村旅游的地方品牌建构是通过去地方化作用后，将地方化的原生态文化语境重新融入消费社会背景下的旅游开发，发生基于地方的文化重构，建构"乡村文化+"的文旅融合产业模式，激活乡村地方本真的经济价值，同时也推动乡村地方本真的保护与传承。

（5）路径节点：再地方化

全球化的外部驱动因素对地方的影响并非单一的去地方化，去地方化过程是乡村在旅游资源建构中的过程而非结果，是地方品牌建构路径的节点而非终点。去地方化的发生意味着地方受到外部驱动而不可避免地处于流动之下，再配合内部多因素驱动，地方在去地方化的现象中再地方化（Relocalization）。再地方化的过程从某种程度可以说是去地方化的产物，甚至全球地方化（Glocalization）也正是地方对全球化的反馈作用，是全球化背景下地方的普遍化与特殊化的融合趋势。

在再地方化过程中，外来的或标准化的意识融入乡村本地的地方化的意识，新的乡村地方性与地方感被生产与再生产。乡村旅游的再地方化也与文化消费紧密相关，是旅游场域运行中的文化重构。再地方化过程一方面使重塑的乡村地方性与地方感形成新的地理想象，转化为地方资本；另一方面使乡村旅游中的诸多文化传统被重新激活，转化为文化资源。

可持续乡村旅游的地方品牌建构具有经济性和商品性，商品化意味着适应市场需求，也意味着一定程度的去地方化。随着全球化进程的加快和社会流动性的增强，乡村旅游地内部正在发生人口置换，包括原住民的外迁，政府及旅游开发机构、旅游承包商与经营者、休闲度假游客的流入等，主体的多元化自然伴随着文化的流变，打破地方性文化边界。乡村旅游在消费社会下的权力关系结构以及在全球化下的时空压缩都有可能促使其发生景观制造现象。景观制造被多数学者认为是一个对乡村地方性的去差异化的夷平过程，这意味着乡村旅游的商业化趋势容易引发对地方依赖和地方认同的破坏，导致其地方本真的变形或丢失。

但外在的全球化驱动并非是均匀分布和匀速前进的过程，在可持续乡村旅游去地方化与再地方化的过程中，地方本真这一核心经历着一种"破坏性创新"，不断配合地方性知识、地方依赖、地方认同的多轮驱动而重塑地理想象和地方依恋。并且，可持续乡村旅游所需要的文化本真性是可协商的本真性，商品化并非就一定会破坏乡村的地方本真，过度的商品化会伤害地方本真，而适度的商品化能够为地方本真注入活力，甚至可能为乡村本真添加新的意义，也就是在适应旅游市场需求中发生再地方化，形成一种去地方化与再地方化的循环。可持续乡村旅游的地方品牌建构在打破乡村旅游地的地方边界的同时，为乡村旅游地在全球化背景下的"诗意地栖居"魅力提升打开了出入口，为乡村地方本真的传承与传播提供了新的途径与新的主体性载体。

3.2 以空间解构与重构来实现空间活化

3.2.1 空间体系解构与重构

从文化角度来说，乡村空间在本质上就是一种文化空间，"乡村性"作为乡村旅游的核心吸引物，以地方本真的元素出现在乡村旅游的物质景观、生活方式、地方餐饮等旅游消费客体之中，这些地方本真需要通过利用来保护、在保护中利用，实现活态传承，在不影响生态环境与社会经济可持续发展的前提下，促进乡村旅游资源向消费产品转换，充分认识、更新和利用地方本真，使乡村旅游产业与乡村区域的可持续发展相辅相成。

旅游业的发展在本质上有着资本需求，资本的流动以多元利益主体为载体，而空间是行动主体的客观关系网络，是文化资本实践的基础。在多元利益主体博弈与文化资本实践的双轮驱动下，可持续乡村旅游的空间活化是以乡村旅游地的空间体系解构与重构来实现的，其空间体系是兼具动、静、虚、实的多维复杂系统，包含"地理空间+信息空间"的双层空间结构和"生态空间+生产空间+生活空间+旅游空间"的四维空间网络（见图3-3），各个子空间并不相互隔离或独立，而是彼此交融和联动。

（1）双层空间结构

在20世纪90年代后，人类社会已经走入了信息主导的时代（Kellerman，2000）。旅游场域下，乡村的物质空间生产仍以传统的地理空间为依托，但多元利益主体的博弈已经不再受限于传统的地理空间，文化资本实践也拥有线上、线下、智能化和智慧化等多种途径和形式。配合着旅游流的流动，多元利益主体及文化资本实践的双轮驱动使乡村文化空间生产和社会空间生产都延伸到了信息空间，因此形成了可持续乡村旅游的"地理空间+信息空间"的双层空间结构（见图3-4）。

地理空间是乡村旅游地的旅游资源、基础设施和服务的载体，是承载旅游行为的物化场所，包括旅游景点景区、交通站点、食宿场所、商业街区等，制约着乡村旅游活动的深度、广度、速度。而地理空间又可以具体细分为物理空间和人本空间。物理空间在旅游媒介下呈现资本的空间化形态，人本空间则是旅游场域下各主体结成的互动空间，其互动既涉及物质要素，也涉及精神、情感、权威等非物质要素。因此，地理空间存在自然生态物质环境的相对静态、自然演替的相对动态和主体间的绝对动态性质。

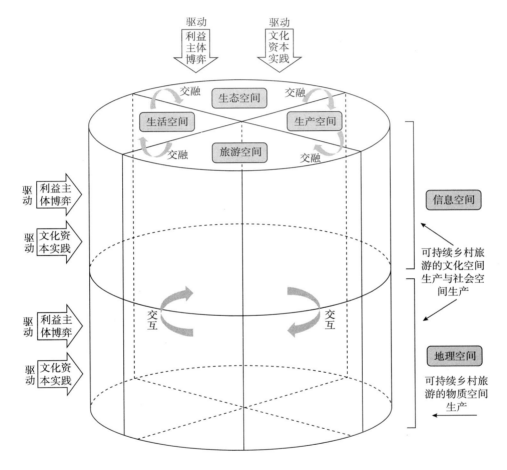

图 3-3 可持续乡村旅游在利益主体博弈与文化资本实践驱动下的空间体系

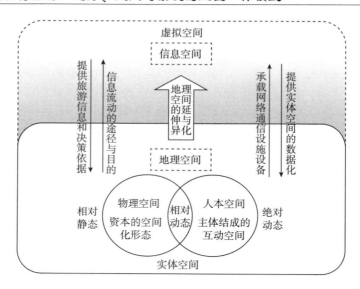

图 3-4   可持续乡村旅游的双层空间结构

信息空间是一种赛博空间，是实体空间的客观数据化。作为传统地理空间的延伸和异化，网络信息空间已经是人文地理学不可回避的研究对象，在信息要素的介入下，旅游地理学的人地关系和交互形态由二维视角延展到了由人、地、信息构成的"三元空间"概念。可持续乡村旅游场域下的信息空间，是关于乡村地域系统和乡村旅游活动的网络信息虚拟空间，其瞬时性、多变性等特点能够突破传统地理空间的距离和边界等限制，使信息空间作为地理空间的扩展，与地理空间相辅相成地融合发展，为乡村旅游空间增添鲜明的流动性，使寻找、建设和维护乡村地方本真的过程在地理空间物质互动的"实"空间性基础上，延伸出了非物质流动的"虚"空间性。

（2）四维空间网络

现代社会生活需求的多样性、土地利用功能的集聚化以及区域主导功能作用，使"生态空间、生活空间、生产空间"（以下简称"三生"空间）被普遍认为是国土空间格局的综合性分区方式。多元利益主体共同实践的乡村旅游活动首先以生态空间为基础，在物质空间生产上作用于乡村生产和生活的建筑景观风貌和基础设施条件。同时，在旅游语境下，乡村多元主体的社会关系建构也因与"他者"文化的互动而不再局限在特定边界范围内，其在生产生活中生成文化资本。文化资本的生成与流动以及多元主体在经济利益上的诉求驱动"三生"空间向旅游空间延伸。概括来说，可持续乡村旅游发展的空间体系由"三生"空间与旅游空间共同构成，四维空间彼此融合与联动（见图3-5）。

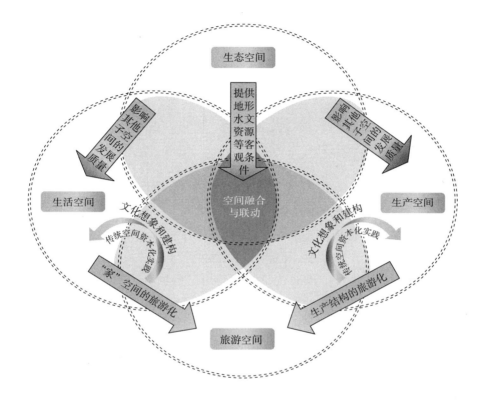

图3-5 可持续乡村旅游的四维空间网络

生态空间主要提供生态系统服务功能，具有防风固沙、涵养水源、固碳释氧等作用，能够调节和维持区域生态安全、为人类活动提供物质环境，相对处于未利用状态或严格保育状态。生态空间也相当于乡村地域系统中动植物菌落等生命维度，而生命维度是打造乡村旅游体验主题化的重要元素。虽然特定的社会文化空间是形成人类认知方式的环境基础，但是归根结底"是自然物质环境为社会文化空间对人类行为的影响来提供线索"①，因此生态空间是可持续乡村旅游发展与管理的基础。

---

① 拉普卜特．建成环境的意义——非语言表达方法［M］．黄兰谷，译．北京：中国建筑工业出版社，2003：40.

生产空间是具备生产功能的生态空间，如耕地、苗圃、林地和水域等，可从事种植、木材生产、渔业养殖等农林业生产。但旅游场域的形成使乡村的文化消费不断增长，农业在其生产空间中的核心地位逐渐丧失。乡村的生产空间既包括物质空间生产也包括非物质空间生产，即文化空间也属于乡村的生产空间。乡村作为一种文化空间，可以被视为由想象、虚构、书写来表征的符号化空间。可持续乡村旅游的文化空间生产是以物质空间为媒介的文化编码过程，既是原住民地方本真的呈现，也是现代性下大众旅游文化的再现。

生活空间则以生活功能为主导，呈现空间使用者与环境的关系，以及"人—地"关系与"人—人"关系。乡村的生活空间体验除了指涉原住民的物质生活、集体记忆、身份认同，也包括旅游移民在物质与文化等各方面生活习俗上的合并与协调过程。在旅游场域之下，乡村生活空间的开放化与符号化可能导致当地空间生产带有舞台化性质。为刺激文化空间的再生产，资本和权力持有者不仅单纯地挖掘乡村旅游地的民俗文化资源，还有可能进行文化移植或复制，又或者直接用当地民俗的"空壳"去改造、包装，甚至发明"传统"，从而进行文化空间的批量生产与再生产。这种"发明传统"式的伪民俗虽然对于经济发展与社会传播有着一定的积极促进作用，但仍然在学界引来了众多批判。并且，在商业化和资本化的消费主义机制运作之下，乡村原住民既可能被迫外迁，也可能被迫改变生活方式，其生活空间经历着由私向公的转化，同时也在由地方性向全球化的转向趋势下面临着同质化危机。

可持续乡村旅游的旅游空间是在以生态空间为背景环境的基础上对生产空间与生活空间的综合利用，不仅在物质空间生产上融合了"三生"空间，在社会空间生产与文化空间生产上，旅游空间的形成与延展也使乡村原住民从农业生产者经不同的转型轨迹转向旅游从业者，通过农家乐经营、乡村特产或旅游纪念品的售卖等方式增加了大量就业机会、丰富了生计方式。一方面，从文化资本实践的驱动来说，乡村旅游空间是被有意规划构成的旅游产品，不仅是其他文化符号的容器，其本身还是旅游者凝视的对象，并且可以拥有无数子空间符号，如根据自然形态和功能的不同，可以将某一乡村旅游地分解为村落空间、民俗街空间、度假区空间等。旅游空间既是旅游者获得旅游体验的前提条件，也是旅游体验所建构的产物。在感知的旅游空间生产中，乡村的区位配置、地理景观、文化物质载体得以开发实践；在构想的旅游空间生产中，乡村景观符号系统被制造与呈现，文化资本通过舞台化再现与生产成为旅游产品。另一方面，从利益主体博弈的驱动来说，旅游空间生产关联着内部视角主体与外部视角主体的双重感知。在内部视角，乡村原住民会因旅游空间生产带来的流动性而获得物质层面和精神层面的特殊体验；在外部视角，游客也会对旅游空间内的体验和消费产生感受、形成经验、凝为记忆。

3.2.2　空间体系的交互关系

乡村旅游地的空间活化体现在空间解构与重构后的空间体系交融和联动中。在双层空间结构的交互关系上，随着旅游行为的各种商业性扩展，乡村的空间体系从相对封闭的原始空间向相对开放、流动的空间转化，演化为由地理空间与信息空间组成的双层交互结构。具体来说，地理空间是信息空间依附的基础，信息空间则是地理空间在时空上的延伸和拓展，地理空间中的实体要素与信息空间中的虚拟要素相互投射和影响。一方面，乡村信息空间的网络通信设施设备需要落实到地理空间。物理空间上的高速公路改善、机场建设，以及网络媒体和移动通信等技术革命塑造了信息空间的产生。信息空间突出的虚拟性和瞬时性明显区别于传统地理空间，并需要通过不同的要素组合来实现空间可视化（郭启全等，2020）。同时，信息空间也为地理空间带来了数字地理的变化，使传统的地理空间在一定程度上突破了时空界限，适应着全球化和流动性所塑造的时空断裂。另一方面，信息空间中乡村旅游地的各要素实时影响着地理空间维度上的旅游空间生产。物理空间中的乡村旅游地各要素在信息空间中形成投影，并通过大数据、云计算、互联网等技术，不受时空限制地运输到乡村旅游的行为动机、兴趣取向、出行决策等方面。人本空间中各主体的主观行为既是信息流动的主观途径，也是信息流动的意义和目的，各主体要素之间进行着信息交互，并通过信息空间中的要素流动不断重构着主体间的社会关系。

在四维空间网络的交互上，可持续乡村旅游的子空间并非是各自完全独立的空间形式，而是以某种功能为主导、具有功能复合性的复合型空间。也就是在乡村的某一子空间中能够同时存在多种功能。

首先，在利益主体博弈的驱动下，不同利益主体间的资源利用方式和收益分配的利益冲突，使乡村旅游地出现空间叠写。从乡村内部视点来看，乡村对于当地原住民而言首先是"家园"的意义，而在旅游场域形成后，"家"空间经历着现代性与传统性的角力，成为两者缓和与互动的特殊空间、成为外界资本与权力的竞争性场所、成为兼具多元性和开放性的"地方"。乡村原住民的"家"空间的旅游化和生产结构的旅游化本质上是传统空间资本化的实践过程，要实现乡村旅游的可持续性发展，就需调试空间的资本化与发展异化的矛盾。如果从外部视点来说，来到乡村的游客的旅游活动目的是体验乡村乡土性、地域性和传统性，而乡村原住民的生活和生产空间中充分呈现着乡村旅游地的乡土性、地域性、传统性。也就是说，生活和生产空间对于游客而言也有着"家"的精神寄托，是"乡愁"的情感投射，可见在多元利益主体的驱动下，乡村生活和生产空间都与旅游空间相互交融。

其次，在文化资本实践的驱动下，乡村旅游地各层子空间的空间交互成为旅游文化资本运作的环境，共同构成旅乡村游符号的动态背景，使乡村旅游地空间体系中各层子空间的联动表现为复合功能空间的融合扩张。其中，生态空间是生产空间、生活空间、旅游空间运作的基底，其提供的地形、水文、资源等客观条件直接影响着其他子空间的发展质量，同时也是孕育乡村人文历史资源的摇篮。生活空间和生态空间也在生产化，出现诸如乡村旅游民宿类的"产居一体化"新型复合空间模式。同时，日常生活空间和生产空间也关联着旅游凝视下的文化想象和建构，在一定程度上更替为旅游空间。例如，乡村原住民的耕地、晒谷子、仪式庆祝等日常生活行为都成为旅游空间中被游客凝视的景观，因此也都具有部分旅游空间功能。而旅游空间的运作，也包含着当地原住民的经营行为、关系着原住民的日常生计，因此也具有生产空间功能。

举例来说，云南省大理白族自治州莙村的"接天子"仪式展演就是由乡村原住民作为实践主体所构筑的文化空间，村民在仪式展演中的语言、物象、文字等都是表征当地民族历史等地方性知识的符号，"接天子"仪式在莙村的旅游发展中正是原住民的生产生活空间与旅游空间的交融联动。又如江苏省周庄镇的源丰顺酒作坊，以关于酿酒的地方性知识为依托，通过当地原住民的主体性实践，将其地方本真转化为前台的表演，形成生产生活空间与旅游空间的联动。再如，云南省苍山西镇光明村的原住民以彝族为主，在乡村原住民的主体实践中，彝族火把节、漾濞核桃节等民俗文化活动作为乡愁的情感载体，从生态空间、生产空间与生活空间延伸到了旅游空间，成为当地乡村旅游的重要吸引物。

3.3　以景观属性制衡来协调文化本真性与旅游商业性

3.3.1　景观属性在旅游凝视中的体现

在乡村旅游语境下，乡村景观既是客观存在的物理空间，也是旅游凝视的投射对象，是"在社会互动中不断被创造、重构、争夺意义的对象"[①]。旅游凝视既是实现乡村旅游体验的主要途径，也是乡村旅游活动中一个涉及多元利益主体的动态互动过程，参与着乡村景观的创造和重构。在旅游凝视循环中，乡村景观既被当作呈现异域特色的可猎奇的对象，即与大地紧密相关的"风景"（Landscape）[②]，也同样被当作旅游产品，是可供炫耀式消费的与消费社会相关的"奇观"（Spectacle），"风景—奇观"是乡村景观在旅游凝视下的双重属性，在内涵上可以对应乡村旅游地在地方维度上的呵护场所和公共符号。

景观是一个涉及多个学科领域的概念，它是自然地域综合体，是符号表征，也是一种涉及意识形态和价值判断的中介。乡村作为"实体"的风景，在土地利用及建筑设计等方面与当地的自然环境要素相互映射；作为"中介"的风景，体现着人与地方的情感联结。在旅游活动中，具有民族特色和复古风格的乡村外形可以令旅游者在视觉上获得厄里所指出的脱离日常生活背景的愉悦，具有本土民俗文化特征的生活与生计也同样是旅游者可在凝视中获得的独特体验。游客凝视的对象不仅是乡村的物质形态，还包括乡村中的人与生活。既然乡村景观不仅是物态的风景还是关于人的风景，那么比起作为"物质"的实用价值，乡村也早已超出单纯的大地风景的价值，成为一种可展示的文本，即可聚众观赏的奇观。

"奇观"是法国理论家居伊·德波（Guy Debord）用来当作社会批判理论的关键词。在视觉文化和消费社会中，奇观就是一大堆跳动的画面、光怪陆离的景

---

①　Mitchell D. The Lure of the Local：Landscape Studies at the End of a Troubled Century ［J］. Progress in Human Geography，2001，25（2）：269-281.

②　"Landscape"通常被翻译为"风景"或"景观"；"Spectacle"的常见中文翻译则包括"景观""奇观""壮观""盛大的演出"等。例如，居伊·德波（Guy Debord）*Society of the Spectacle* 的中译版标题便是《景观社会》。在本书中，为区分意义内涵，特将乡村景观属性中代表大地风景意义的"Landscape"译为"风景"，将涉及消费社会内涵的"Spectacle"译为"奇观"。

象。在乡村旅游发展与管理的景观维度上，媒体也是重要角色，发挥着重要作用。从积极角度来说，乡村旅游天然的带有产业和经济性质，即使是在地方本真的意义上，或者说即使是在生活家园的意义上，乡村旅游也是需要媒体的"包装"或"宣传"力量的，媒体为乡村旅游带来的不仅是游客流，还包括随之而来的资本流，涉及乡村当地的基础设施建设、交通网络建设等。从消极角度来说，媒体在为乡村景观打开"奇观化"的开口后，资本对景观的"规训"显而易见地难以避免，有可能发生因奇观化带来旅游经济效益而遮蔽了乡村地方文化本真性的表现，使游客被奇观包围、不再容易看到地方本真的乡村景观。

在大众旅游越来越成为一种炫耀式消费的趋势中，乡村旅游地精心策划上演的种种地方特色和民俗场景在很大程度上就是这样一些"奇观"，它们已经悄然游离于当地人的生活，变成一堆符号，一个个迎合着游客凝视期待的表征。成为奇观的乡村旅游地涉及大众文化、一次性消费、时尚潮流等易变性的内涵，这些易变性又与乡村旅游发展的同质化、空心化等问题有着密切联系。

根据旅游凝视循环，从旅游前阶段开始，凝视感知的想象客体，不仅是乡村旅游地原始风貌的那种实在的物质景观，更是被文字和图像表征过、阐释过、带有态度和温度的景观，也包括诸如"网红景点""网红餐吧"等的奇观。

从旅游中和旅游后阶段来说，一方面，乡村旅游地琳琅满目的商业经营已经很普遍，在这种奇观属性之下，游客会购买各种旅行纪念品，作为日后进行凝视记忆的介质。另一方面，作为大地上的风景，乡村旅游地经常会吸引一些研学旅行团、美术学生、艺术爱好者来摄影或写生。摄影和写生都可被视为最高程度的、最典型的旅游凝视。因为在摄影或写生时刻，游客会将凝视感知与凝视认知调和，然后以作品为物质载体，将自身的凝视记忆嵌入其中。这些个人的旅游凝视的物质具象作品不仅是旅游者自己的凝视记忆的维系，一旦进入交流媒体甚至开发成旅游纪念品（见图3-6），它们就会进入受众的旅游想象或前凝视，也会进入到受众的旅游记忆中，产生共鸣、加强记忆。与摄影和写生相类似的物质载体还有信息空间中常见的点评、游记等诸如大众点评、马蜂窝等网络媒介越发受到游客和潜在游客的喜爱，撰写图文并茂的游记已经成为不少旅游者的娱乐方式，甚至成为乡村旅游的一个环节。这些摄影、写生、游记等，都是旅游凝视的衍生行为，对游客而言，它们关系着凝视记忆的储存；对乡村原住民而言，它们会间接地作用于文化认同；当它们传播到网络等媒介后，对未来的潜在游客而言，它们又进入了其凝视感知的想象阶段。

图 3-6　作为旅游纪念品的各种风格明信片

资料来源：笔者于 2019 年在安徽省徽州区呈坎村拍摄。

　　概括来说，在凝视作用下，乡村旅游地部分风景在逐渐地奇观化，这种奇观化的方式基本可以划分为三种类型：①文化杂交。例如，安徽省西递村曾举办数届"祈福文化节"、西递音乐节等活动，宏村也曾举行国际乡村摄影展、国际山地节等活动。当文艺汇演、游戏庆典等各种热闹与激情吸引着游客的聚众围观时，常常形成一种浮游于乡土之上的绚丽奇观。②民俗打造。在许多乡村旅游地，常会有无数表征着当地古村落原住民生活气息的画面映入游客眼帘，如不分节庆与否的永远悬挂的红灯笼和彩旗、不分时节的永远在晾晒的谷物等，虽然这些景观在理念上是源自乡村生产空间、生活空间与旅游空间的联动，但是事实上这些景观已经不是真正的乡村生活印迹，而是一种供游客拍照或欣赏的奇观。③价值复制。游客在乡村旅游地还常常会看到一些并不清楚使用目的或功能的仿古建筑的重建，又或是千篇一律的商铺和旅游纪念品，这些都是对乡村地方本真的机械复制，从而成为供游客凝视和消费的奇观，但它们所联系的乡村景观的真实价值却在奇观化的过程中被忽视或无视了。

　　在旅游凝视中，乡村旅游景观的双重属性与旅游研究中"舞台化"议题密切相关。麦坎内尔认为，在当代旅游活动中，游客本身就是现代性的一部分。随着现代性下消费主义的盛行，旅游开发与经营者越发主动地迎合游客的旅游期望，甚至会借助创造场景来投合旅游凝视的诉求，这些创造而出的场景可以被视为一种"舞台"。这种舞台场景是一种介于展现给旅游凝视的"前台"和原住民现实生活的"后台"之间的过渡空间，其空间性质取决于旅游者对本真性的追求（MacCannell，1973）。可以说，在现代旅游中，旅游者所寻找到的"真实"往往就是这种舞台化的真实（Cohen，1988）。而这种舞台化的真实一方面是为了保护旅游地"后台"的传统文化免遭破坏；另一方面是为了吸引游客、引发游客的兴趣，因此并不一定等同于旅游吸引物本体上和客观意义上的真实。

在乡村旅游中，旅游者可以接触到旅游客体的前台、经过包装的前台、后台化的"前台"和经过开发的"后台"，却无法进入真正的"后台"（Buck，1978），也就是说旅游者能够进行符号解码的环境是有限的。既然经过包装与演绎的"舞台"所呈现的本真性体验并不等于非"舞台"的体验，旅游者便有可能产生一种"舞台猜测"（Cohen，1979），用来区别旅游客体的"真实"和自身主观感知到的"真实"。这种"舞台化"的作用很可能令旅游者所体验到的乡村文化本真性发生一种"变形"。不仅如此，在现代性的时空背景下，乡村旅游过程中也开始出现对本真性的"复制"甚至"发明"。"真实的复制"是指通过人为复制，使绝对的客体真实被相对的客体真实所取代（Bruner，1994）。而从艾瑞克·霍布斯鲍姆（Eric Hobsbawm）的《传统的发明》来看，当代社会对过去传统的诉求也很可能是某个晚近的时刻被"发明"而来的，那么乡村景观也很可能正在通过不断适应当下旅游发展的新诉求而产生新的文化意义。也就是说，旅游者在乡村中通过符号解码所消费的"本真性"文化很可能是由当下社会的新诉求而生产的，是一种被发明的"新内容"，而并非真正的"本真性"。

如果旅游者在乡村旅游地之中所消费的仅仅是经过"舞台化"的变形甚至发明的文化，那么旅游者所期望的本真性就难以与其所体验的本真性相协调。旅游者进而就可能会以各种途径表达不满，影响未来自身的潜在旅游决策甚至其他旅游者的潜在旅游决策；也可能会继续追溯其他文化符号，如通过寻求乡村旅游地商业化街区的洋酒吧等外来文化元素弥补旅游愉悦的缺失。如此一来，便有可能令旅游开发者及经营商在商业利益导向下错以此为借鉴，盲目复制和模拟其他外来文化的现代性元素，通过舞台化展演去改变乡村自身文化的本真性，形成一种新的文化制造。而这种文化制造更会持续性地对未来的乡村旅游活动产生影响，使旅游者期望的本真性符号与体验的本真性符号间的"不相符"发生恶性循环。

3.3.2 景观属性的两种不同导向

旅游凝视之下，乡村景观显示出风景与奇观的双重属性，风景既是奇观形成的基础，也是奇观的组成部分，而景观的这种双重属性对乡村旅游发展具有导向作用：风景属性与当地乡村原住民的生活印迹相关，奇观属性则与消费场所有关，如图3-7所示。

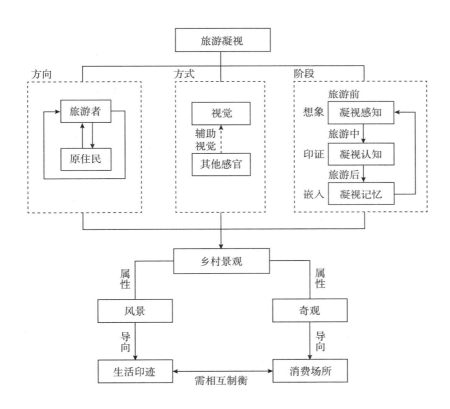

图3-7 乡村基于旅游凝视的"风景—奇观"意义模型

资料来源：笔者绘制。

乡村景观在风景与奇观属性下分别代表着生活印迹和消费场所。不真实的景观会产出不真实的体验，真实的乡村景观，或者说传统的乡村景观比重建和新建的景观更能承载集体记忆。这是因为"真实的景观"正意味着景观中的文化本真性，是人们找回特定地方历史渊源和记忆中简单纯粹生活的重要因素，因此乡村在风景属性下的生活家园的意义对可持续乡村旅游发展而言相当重要。不过，人们寻找的景观真实性一般是一种象征性的真实性，因此转换为奇观属性的乡村景观作为旅游符号来说也具有自身的意义。以云南大理的喜洲乡村为例，当地乡村景观在物态上突出"三坊一照壁，四合五天井"的白族传统，在人文景观上突出蜀滇缅印古道文化、白族饮食和工艺文化，使地方本真能够从物质与非物质层面在游客的旅游凝视中呈现。喜洲乡村的周城古村依托"白族扎染之乡"的地方文化特色发展旅游文化产业，开发了村内茶马古道，建成了首座扎染博物馆，这是"三生"空间向旅游空间的延伸，也是生产生活空间主导的生活印迹与旅游空间主导的消费痕迹的一种结合。

古人云"读万卷书，行万里路"，指出了旅游的意义在于发现和理解异质文化，了解远方民族的生活环境、生活方式以及其中包含的人生观、世界观、价值观，为自己的生活找到一个可对比的参照。乡村的地方本真就藏在那些无处不在的生活痕迹中，像梯田那样的人文地理景观可以有上千年历史，是人与自然长期以来相互制约、共生共荣的景观。而本书中所说的消费，是消费社会意义上的符号消费。消费场所指高级酒店、大型商场、游乐场、连锁餐饮店、购物餐饮一体化综合商区等代表现代化程度的消费场地。对可持续乡村旅游来说，必须取得地方本真维护与商业开发之间的平衡，也就是风景与奇观两个属性之间的协调。

旅游行为的驱动因素是异质性文化所带来的吸引力，换言之，差异性与地方性是乡村作为旅游景观的核心竞争力来源。如前文所述，乡村旅游地除了在物质景观上具有旅游价值外，关于当地居民生产生活的栖居文化也是吸引游客的重要因素。在风景属性的意义导向下，乡村内外的产业景观、街巷分布、建筑风格、居家或店铺门面、生产工具生活用具等都是地方性的显现，是乡村地方本真的重要组成部分，保护和还原乡村原住民的生活场景是乡村旅游景观生产的重要元素。而当很多旅游开发商敏锐地嗅到了"本真性市场"时，为了满足游客的本真性文化期待，不遗余力地创造出游客喜欢看到的"过去的样子"，对遗迹、遗址进行现代演绎。于是农家院或水乡菜馆与咖啡馆并存，当地手工业与移民艺术家匠作相安，朴素的乡土气息与小资情调浑然一体，使乡村景观进一步走向奇观化。人们时常可以见到各种戏剧节或论坛峰会等文化艺术活动（尤其是国际性的活动）在乡村空间举办，这种大众文化背景下对乡村奇观的打造，无形中宣称了乡村的新形象和新意义。

虽然，在乡村旅游地融入现代化和国际化元素有助于进一步保护和发展乡村文化、将中国乡土人文风俗传播到海内外，但乡村的奇观化导向却难以规避一些负面风险。在现代性消费社会背景中，旅游凝视下的奇观化乡村旅游地不可避免地带有全球化、消费化、知识的商品化等特征。全球化常被视为一种去地方化或定义新地方化的过程，奇观化也很可能成为一个去差异性、消解地方性的过程，由旅游商业引领的经过设计、包装、营销的乡村奇观日益趋同，现代艺术的发展、大众媒介的介入、国际或民族间跨文化的融合也都有可能对乡村当地的传统文化带来冲击，影响乡村文化本真性。并且，在现代性的时空压缩中，凝视作为理性原则工具，规训着旅游景观向标准化和商品化发展，使乡村旅游景观通过不断地适应当下社会新的诉求来产生新的文化。例如，乡村旅游经营方可能会根据一些记载或传说将某些景观重塑、重构，又或者将一些在当今时代已经衰落消失的节庆仪式重新改造甚至重新"发明"，只为了吸引旅游者的凝视参与。这些带有"发明"性质的"文化"若是单纯以消费为目的，它们所留下的消费痕迹便很可能覆盖乡村中的生活印迹，使乡村景观的风景属性被奇观属性覆没，使乡村旅游发展出现文化与资本的失衡。

乡村的奇观化不仅会对旅游者产生无形的作用力，还会影响原住民的自身生活、地方认同及投入到旅游开发的意愿。奇观化就是将乡村中的某些事物加上特殊色彩和味道，甚至加以扭曲、变形，以满足消费者的文化期待和对异域、异趣的猎奇心。在很大程度上，乡村的奇观化活动主要是为了满足商业目的。乡村旅游地的商业化固然带来了经济复苏、地方繁荣，但是需要深究的是，这种商业化是否达到当地居民利益最大化、是否有助于当地文化走向可持续之路。乡村旅游景观的奇观化确实可能导致暂时的成功，但也极易在商业化操作中走向乡村景观的同质化和空心化，这显然是因为奇观化迎合了大众化的观看，却遮蔽了乡村的地方本真。无论是风景导向还是奇观导向，文化本真性问题都始终是乡村旅游可持续发展的关键所在。

而旅游凝视既是主观能动的也是受社会制约的。在消费社会里，乡村旅游地的开发商和原住民很可能通过改变原本的文化或创造新的"文化"来迎合旅游者的凝视。同时，随着大量外来游客的反复涌入，城市化和商业化的文化性质不断冲击着乡村当地的文化习俗，乡村当地的地方本真很可能渐渐变得资本化、同质化。那么，在可持续乡村旅游发展中，生活印迹和消费痕迹就需要合理的相互制衡。两者的制衡通常受到以下四方面因素的影响，如图3-8所示。

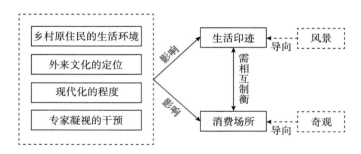

图 3-8　"风景—奇观"双重导向的影响因素

资料来源：笔者绘制。

①乡村原住民的生活环境。旅游开发方对乡村原住民生活环境的规划方式严重影响乡村原住民对旅游开发的态度和参与意愿，原住民对自己家乡的认同感、对旅游开发的投入度也都必然关系着乡村旅游的可持续发展。②外来文化的定位。历史表明，封闭自守的文化最终必将走向衰退，适当地吸纳优秀外来文化元素则是地方文化系统能够可持续发展的关键之一。尤其对消费社会背景而言，外来文化是可持续乡村旅游发展的重要元素之一，但外来文化的主次位置需要在乡村旅游规划和开发中得到正确的对待。乡村旅游的开发方、经营方，以及乡村原住民对外来文化的定位直接影响乡村旅游的"风景—奇观"意义导向。③现代化的程度。乡村旅游是以乡村地方性的历史人文底蕴为主要吸引物，保持地方性的历史"古韵"对游客而言是一种合理的消费，也可以成为一种独特的享受。但随着社会经济发展和人们生活质量的普遍提高，乡村旅游地也需要整体提升现代化水平，因为乡村基础设施建设等现代化程度既直接影响游客的旅游体验，也间接影响乡村原住民的生活水平，从而影响可持续乡村旅游的长远发展。④专家凝视的干预。专家凝视是指各种旅游专家及相关的政府机构工作人员通过旅游规划、营销调控等手段去建构供游客凝视的文化符号（Cheong and Miller，2000）。需要警惕的是将某一乡村旅游地的旅游发展经验普遍化和绝对化、一味效仿推行。那些只追求眼前经济利益的项目规划鼓吹者可以称为旅游捎客，旅游捎客谙熟乡村游客的旅游动机和凝视需求，能够得心应手地将乡村旅游地规划成迎合消费要求的凝视目标。在专家凝视的目的性极强的旅游规划之中，很难确定乡村景观的地方本真是未被雕琢、加工和改造的，也很难保证乡村旅游中的消费痕迹不会将生活印迹覆盖。

整体来看，乡村地方本真的发展和保护既可以得益于旅游凝视的作用力，也可能因其而产生危机。例如，乡村当地的经济发展、原住民生活的基础设施建设、文化传统的传承与增值都有可能在旅游凝视的作用下得以促进；但是同时，乡村原住民却也有可能因旅游凝视而导致自身的生活环境被改造，甚至是被迫外迁，进而导致乡村当地文化系统的解体。可持续乡村旅游发展的预设目的应是通过旅游活动来延续和传播乡村传统的民俗文化、人与自然和谐相处的价值观念等。然而在旅游行为中，乡村旅游地的意义生产是以现代消费社会为时空背景的，这就意味着乡村旅游活动始终难以与"消费"彻底分离，但是乡村又显然不能仅被视为旅游活动的消费场所。在可持续乡村旅游的规划与发展中，若过度以奇观化为导向，必然会造成乡村文化本真性的流失，导致乡村旅游的空心化与同质化，走向乡村旅游生命力衰败的结局。因此，可持续乡村旅游发展所需要的是保留、建设、发扬乡村自身的文化传统，这种文化建设并非是一时的或单纯营利性的，而是长期的、生活的、栖居的。乡村景观在旅游凝视中是否具有生命力的关键在于，作为"生活印迹"的风景意义与作为"消费场所"的奇观意义的相互制衡。

　　总括而言，从地方维度来说，为地方本真注入活力的可持续乡村旅游地方品牌建构，是通过地方性与地方感构成的地理想象激活乡村"地方"的使用价值，通过地方依赖与地方认同构成的地方依恋激活乡村"地方"的情感价值。围绕着地方本真，地方依恋在情感价值上推动并影响着乡村的地方品牌建构，地理想象在使用价值上推动和影响着乡村的地方品牌建构。配合多因素的驱动作用，可持续乡村旅游的地方品牌建构路径是以地方本真为起点，经历文化消费、去地方化、文化再生产、再地方化四个节点而形成循环。

　　从空间维度来说，支撑文化本真性展现的空间活化体现于乡村空间体系的解构与重构之中。在利益主体博弈与文化资本实践的双轮驱动下，可持续乡村旅游的空间体系是动静结合、虚实共存的多维体系，包括由地理空间和信息空间组成的二元空间结构，以及由生态空间、生产空间、生活空间、旅游空间组成的四维空间网络。一方面，二元空间结构彼此交互，信息空间不能脱离地理空间单独存在，由物理空间和人本空间共同构成的地理空间是信息空间存在的基础和意义所在；另一方面，四维空间网络彼此联动，都具有复合性功能，生态空间承担着生活空间、生产空间、旅游空间的生态屏障角色，"三生"空间共同构成旅游空间的背景，旅游空间生产影响着"三生"空间生产，也推动着乡村农林业的生态功能与旅游业的经济功能的相互呼应发展。

从景观维度来说，协调文化与资本冲突的景观属性制衡发生在旅游凝视循环之中。消费社会的乡村景观是风景与奇观的综合体，在双重属性下有着双重导向意义。在可持续乡村旅游发展中，旅游凝视以动态阶段作用于乡村的"风景—奇观"属性，塑造着两个方向上的"乡村"，使乡村既被当成一种大地风景，承载着乡村地方本真，指向生活家园的意义，同时也被当成与消费社会相关的奇观，用来满足游客的旅游消费需求，指向消费场所的意义。风景与奇观属性的辩证与平衡是可持续乡村旅游传承和发展文化本真性的关键。

此外，地方、空间、景观三个范畴作为可持续乡村旅游发展与管理的实践入口，都会向同一个方向汇聚，即从地方本真出发，经历空间活化，以景观属性协调文化与资本的冲突。那么，可持续乡村旅游的发展与管理就需要一个抓手，一个能够串起这三个范畴的抓手，来作为可持续乡村旅游的研究平台和实践工具。

4　指向可持续乡村旅游的景观管理

从地方维度来看，乡村地方资源向地方资本的转化，或者说地方品牌的建构，主要是依靠文化意义上的地方本真的寻找与利用，离不开乡村景观在风景属性上生活印迹的力量。再从空间维度来看，乡村旅游在文化资本实践和利益主体博弈下演化着空间解构与重构、促成着空间活化，而乡村景观绝非是纯天然的，是必经人的主体性干预的，其奇观属性本身更是由消费社会的资本力量生成。地方本真与空间活化都能够具象为大地风景意义上的景观，也都可能在过度舞台化后具象为消费社会意义上的奇观。可见，景观维度有着综合与汇聚地方、空间、景观三个范畴的能量，有着协调地方本真的"文化"意义和空间活化的"资本"意义之间冲突或矛盾的潜力。景观能够给予人一种奇妙的力量，能够引发出广泛的且复杂的情感和意义，进一步来说，起源于欧洲的景观管理思想可以串起地方、空间、景观三个概念维度，可以成为可持续乡村旅游研究的有力抓手。

4.1　景观管理具有汇聚和协调的力量

4.1.1　景观是人地关系的表征

从某种程度来说，景观是地方与空间范畴的汇聚，景观既可以被视为抽象化的地方（风景），也可以被视为具体化的空间（风景或奇观），它是乡村旅游活动的环境、场景、视野，但它又并不是没有生命的或僵死的背景板，它也不仅仅是凸显山水林田湖草的自然环境。如前文所述，约 19 世纪初，德国地理学者洪堡最早开始使用"景观"来探索原始自然景观向人类文化景观转化的过程。以索尔的观点来说，"文化景观"是附加于自然景观上的人类活动形态，传统文化地理学将景观视为文化的载体，但单以文化来区别景观的形态和分布，也在一定程度上局限了景观的内涵。新文化地理学则将景观视为情境（Context）发展与变化的综合体现。例如，丹尼斯·科斯格洛夫（Denis Cosgrove）和斯蒂芬·丹尼尔斯（Stephen Daniels）将景观重新定义为一种文化图像，将景观视为描绘环境的表达方式，强调景观是一种文化标志，是一种具有特定意识形态的符号的集合，其对景观的分析显然也围绕着文化观念与文化过程，并且，成为情境发展与变化的综合体现的景观也充斥着有关权力的暗示（Wylie，2007），因此关于景观的研究也与对社会、文化、政治的分析密切相连。

景观既来自物理现实，又源于自然与人类活动之间持续动态的相互作用，具有公共物品的属性，是普遍公众共同享有并承担责任的综合体，其象征意义表现在建成景观、视觉景观、文字景观等多重维度上。自然与文化间的相互作用也是景观的最基本特征（Naveh，1995），这意味着景观的内涵综合了自然生态维度、思想和政治维度、社会和经济维度，整合了与人类社会与生态环境问题的各个领域，覆盖了城市与乡村，林地、草地沙漠等各种土地类型，可以作为科学分析、数据采集、政策制定等社会和经济活动的框架，是一种观察环境、描述自然与人类关系的方式。

景观概念具有综合性、整体性、实体性与可视性的特征。首先，景观概念最早的提出便是被描述为"总体特征"，其内涵来自于人与自然的互动，涵盖着有关人地关系的全部视角，因此具有综合性。其次，景观的综合性意味着人与自然的统一，这体现了景观概念的整体性，代表着人与自然之间的不可分割性。最后，景观是客观呈现的实体，能够被人类感知，实体性表达着景观的物质客观存在性。而景观实体性的"客观呈现"也连接了景观的可视性，即景观是自然环境演化与人类社会文化进程的可见证据，景观的公共物品属性便是由可视性而决定的。

有关景观的内涵可以划分为三个层面：作为土地的景观、作为感知的景观、作为人地关系的景观。首先，景观作为土地是客观存在的对象，有着强大的物质性或客体性，其内涵既涉及地貌、土壤、气候、植被等物质特征，也涉及土地的领域、类型等特征。延伸去看，景观也涉及居住在某一土地上的人们对于地区或国家身份的表达，因此景观有着"社区""国家"维度上的意义。其次，景观作为"感知"是无处不在的，是通过人类主体能动性观察到的现场或现象，是一种具有历史经验性和主观意识性的构成，强调着印象或体验的重要性，是某一区域的特定群体通过人文活动赋予自然环境的符号系统的再现，蕴藏着某一地域的人类共享的历史。最后，景观的土地与感知内涵共同构成了人地关系的表征。表征关注的是可编码的景观要素的意义，非表征关注的是景观（事物或事件）的存在。在表征视角下，景观被视作文化的产物，因此景观的内核必然与地方本真有关。同时景观也是一种观察方式，装载着思想话语的权力，将文化生产和物质实践相联系起来（Cosgrove，1979）。景观作为象征系统，不单纯是自然地理上的物质地貌，而是一种能够被细致解读的文本。景观作为人地关系表征有着意识形态和客观物质实体的多重内涵。第一，景观可以是符号，是大地之上积累人类社会价值观和行为活动的代码或系统，成为反映某一地区的物理和文化进程的代码。第二，景观可以是风景，既可以以物理形式体现，也可以融为绘画或文学等形式，成为人与自然或自我与他者之间的媒介，而其存在取决于"观看"景观的主体身份、知识、经验、审美方式等要素。第三，景观也可以是政体，表达社会权力和利益关系，包含人类对自然的控制、人类内部的资本或社会群体之间的权力关系。因此，景观不仅是供人观阅的物体或文本，也是一个过程，形成了一种人类观看世界的方式。

4.1.2 景观管理具有跨学科视野

有关景观的现状功能、发展动向、管控措施等，欧洲较早地实现了范式转化，形成了景观科学的规范体系，包含地理学、哲学、社会科学、生态学和环境科学等多视角的理论与技术。

欧洲以德国为代表的景观规划已有近百年的发展历史。其景观实践的理念萌芽起源于18世纪下半叶，以"美观与实用结合"为指导思想，将原本适用于园林的景观规划、营造与管理体系延伸到水利设施、农田果园、林荫路网等上，对整个地区的社会、经济、政治、文化带来重要影响。到19世纪下半叶，德国的"国土美化"运动进一步促使景观管理的理念延伸到农业生产、公共卫生、社会发展、经济增长等领域。20世纪六七十年代，随着《联邦自然保护法》的确立，德国的景观规划开始承担优化人地关系和解决生态环境问题的双重角色，逐渐形成了欧洲甚至全球范围内的景观管理典范。

相较于西方，景观研究在我国的发展较晚。1936~1949年，地理学界的景观学派思想和作为"地域生产综合体"的景观概念逐渐被引入中国。目前我国已有部分学者对国外的景观管理研究做过介绍和分析，梳理和综述西方景观保护和景观规划的逻辑与国际经验，并结合我国背景提出相应的实践建议；在具体尺度的理论与实践研究上，分析我国不同地域案例的景观管理情况；在景观管理的技术工具研究方面聚焦 GIS 系统支持下的景观管理研究，建构 GIS 技术在乡村地区景观规划设计和管理上的应用框架，或以 GIS 技术分析案例地区的景观格局和景观管理情况等。

景观是多种学科共同享有的关于自然与人类相互关系的概念，如在地理学中可作为区域特征研究、在历史学中可作为历史记录研究、在意识形态中可作为私人所有权的表达，因此景观研究是以跨学科的综合视野为基础。关于具体的景观话语，目前西方学界是以景观生态学和景观符号学为主体。在量性研究主体上，景观生态学起源于欧洲，主要研究景观的结构、功能和变化，以景观的综合体性质为主导思想，紧密联系着土地利用和规划、人文地理与人类生态学，可以被认为是地理学的分支；而在北美科学体系中，则主要关系着种群生态学、群落生态学等科学。在质性研究主体上，景观符号学关注景观形成的过程和文化意义。后现代主义把景观作为表意的符号、叙述自然和历史文化故事的符号、表现地方文化的符号。"景观"这一术语能够克服个体与群体、文化与自然的二元对立性，既是能指（Signifier）又是所指（Signified），人类社会的文化意义和价值在由多种感受媒介（如土地、植被、水、石、声音等）共同构成的景观之中被编码（米切尔，2014）。

景观研究是涉及众多领域的交叉科学，因此景观管理是以跨学科的综合视野为基础。针对乡村旅游的人地关系问题，可以根据景观概念与景观管理的起源与发展，参考"认知—行为"理论模式，将景观管理的话语结构分为两个层面、三个板块。

在认知层面，以人文科学和自然科学为主导。人文科学板块涉及哲学、历史民俗学、艺术学、符号学、美学等。首先，乡村旅游地的景观管理定位于我国生态文明建设的大背景之下，因此有必要从哲学角度厘清人类社会关于生态、环境、资源的"一体两用"关系，处理好景观管理的价值逻辑，协调好人与自然的关系及人与人的关系。其次，乡村旅游地的景观管理也需要从历史民俗学角度了解当地的环境史、民俗史、文化史，从艺术学和符号学等角度探究景观形成的文化意义，从美学角度使当地的景观保护与规划能够满足不同群体的休闲、教育、文化认同、民族精神等情感需求。同时，也还需要地理学、地质学、生物学、环境科学等自然科学板块知识作为指导景观管理实践的认知基础。

在实践层面，则是以自然科学和社会科学为主导。在自然科学角度，需要从生态学、生物学、环境科学、林学、农学等方面把握景观保护与规划的科学性。而社会科学板块涉及人文地理学、社会学、人类学、管理学、法学、建筑设计学、城乡规划学、风景园林学等。例如，在保护乡村景观的地方本真上，需要融合地理学、人类学、社会学、管理学等不同学科的理念，协调社区民生与旅游开发的关系；运用企业管理、市场管理、公共管理等综合知识解决旅游经营、游客管理与服务等问题；通过法学和政治学等手段完善旅游开发中景观保护与规划的配套政策、法律法规和监管体系。

4.2　乡村旅游语境下的景观管理解构

4.2.1　可持续乡村旅游的景观类型、变化和特征

乡村旅游是发生在乡村地域系统的旅游活动，以乡村景观为旅游感知与体验的对象，"乡村旅游景观"的实质也即乡村景观。乡村景观是乡村地域系统中人地互动所产生的生态综合体，也被认为是乡村自然景观、乡村经济景观、乡村文化景观的复合体，普遍特征是人为干扰程度相对较低、自然属性相对较强[①]。

可持续乡村旅游语境下的乡村景观包括物质化的乡村景观和非物质化的乡村景观，或者也可以说是包含物态层面、行为层面和制度层面三种类型。一是以乡村地域生态环境为基础的乡村物质化景观，指具有物质形态的景观，包括山水林田湖草等有关乡村自然环境和地理地形的自然风貌，以及各类乡村建筑、街巷、庙宇祠堂、文物遗迹，乡村聚落形态和各种农业劳作景观；二是以非物质文化遗产为代表的行为层面的乡村景观，多是指乡村原住民在长期乡村生活中有关农业生产场景、生活方式、传统饮食、地方方言、祭祀节庆、乡村民间艺术等文化习俗的展现；三是以乡村传统文化为载体的乡村制度化景观，如渗透在乡村生态环

境保护与资源利用中的村规民约、蕴藏于宗祠古迹中的家风祖训、展露在乡村社区活动中的乡贤精神等。物态乡村景观与乡村原住民的衣食住行密切相关，或者可以说在这些物态景观中有着由世世代代原住民的生产生活所凝成的乡村性。非物质化的乡村景观也常被形容为乡村"文化景观"，是人类行为融合在自然物质景观之中形成的，在乡村旅游语境下也是一种居于乡村这片土地之上的独特风景。此外，如果针对旅游活动的经济属性，"乡村旅游景观"也可以被认为是围绕乡村自然景观与人文景观的加工或再创造，这就与乡村景观中地方本真的发明化或舞台化相关。

乡村景观在自然与人文双重维度上具有乡村性、遗产性、地方性、季节性的特征（翟向坤等，2017）。其中，遗产性指乡村自然景观所蕴含的人类历史中来自大自然的馈赠，以及乡村人文景观中，乡村原住民与大自然的长期共存与互动、在当地自然环境条件下形成的生产与生活方式中的历史文化传承。地方性指乡村自然景观在自然地理上的地方化特征，以及乡村生产生活方式扎根于当地地理环境的特色。季节性指乡村自然景观随季节变化的颜色和气味等特征，也指乡村人文景观中生产生活受季节影响的差异表现。而山水田园诗化的乡村性（Rurality）则是乡村旅游景观最核心的特征，也是当地文化本真性的体现。乡村性的景观表达覆盖着乡村的生态、生产和生活三个景观层面，按照乡村性从强至弱可将某一地域分为五个类型，分别是极度乡村（Extreme Rural）、中度乡村（Intermediate Rural）、中度非乡村（Intermediate Non-rural）、极度非乡村（Extreme Non-rural）、城市（Urban）（范学刚、朱竑，2016）。乡村性通过乡村景观得以展现，乡村景观是乡村性的载体。

结合乡村景观变化与乡村景观特征，注重景观自身的多样性、自然与人文的融合性、人地关系的双重表现性，都是对可持续乡村旅游景观管理而言十分重要的。第一是关于地域景观层次形式的多样性，不同的乡村旅游地会根据自身的村落空间发展产生不同的景观层次形式，包括团状、带状或条状、环状等。第二是关于物质景观与人文景观融合性，对比狭义的自然旅游，乡村旅游的核心"乡村性"离不开人文景观的烘托，农耕文化在旅游景观中的体现需要以人为主体来实现；而对比广义的城市旅游，乡村旅游又以山水林田湖等自然风光的物质性景观为吸引物，展现出具有"乡村性"的独特田园风光。第三是关于季节特征差异的人地双重表现性，如前文所述，人地关系是乡村旅游的重点问题，由于农业生产景观是乡村性的重要体现因素，乡村旅游景观不仅根据节气具有"地"的物质性景观特色变化，也随之具有"人"的文化性景观特色变化，"春种"和"秋收"的景观变化就是最直接的例子。此外，乡村旅游语境下的乡村景观变化也包括由土地利用的转型引发景观格局的变化。

4.2.2 可持续乡村旅游的景观管理本质与脉络

景观的本质特征是"变化"。景观的变化由多种要素构成，可持续乡村旅游景观管理的本质也就是对乡村景观变化的管理。而对景观变化的管理意义和目标是在于对景观影响的管理。景观影响既指某一景观对其他景观的影响，也指景观对生态环境与社会经济的影响，景观变化的规模和尺度是造成景观影响的核心变量。可见，简言之，乡村旅游景观管理过程是协调社会经济发展和自然环境演进所带来的景观变化的过程。

自然与人文因素所造成的景观变化是必然的、恒定的，而景观特征是景观变化的呈现，表达着景观变化的自然生态、社会经济和文化进程，是景观在人地关系上的可视化概括。景观特征通常包括景观结构和功能的外在概括以及景观内在价值的提炼，连接着景观的空间与功能、场所和主体。山水田园诗化的乡村性是乡村旅游景观的核心特征，而乡村性的景观表达覆盖了乡村的生态、生产和生活三个层面。

针对景观特征，在景观管理过程中会涉及景观（特征）分类和景观（特征）评估。景观分类有景观特征类型和景观特征区域两个核心概念与方法，前者并不考虑区域位置的因素，而是关注景观在地形与植被和土地利用等特征上的相对一致，后者则是从不连续的地理区域来看，每个景观类型有着区分其他区域的自身特征。基于景观分类，景观特征评估已经在众多欧洲国家发展了理论和实践经验，被认为是理解景观特征和管理景观变化的基础工具，是实现景观动态管理和适应区域新发展需求的重要手段（蒂芬·布朗、庄优波，2013），其具体方法涉及遥感影像、田野调查、专业图纸等，是通过指标选择来定量化、系统化地对景观管理政策和效果进行有效监测和评估，能够推动景观功能和效益的多元化发展、对抗景观的同质化问题。

为实现可持续发展的目标，乡村旅游语境下的景观管理通常可以分为景观保护与景观规划两个方面。景观保护是指维持或改善景观的独特性和重要性，以确保在景观变化中景观的遗产性价值。但在具体的景观保护过程中，景观保护常被视为对某些人类行为的限制或禁止，因此也有可能引发乡村原住民与景观保护间的矛盾。景观规划则是加强、恢复、创建景观的一种前瞻性行动，需要关注或预测某一地域社会需求的发展和变化，兼顾当地景观发展的短期和长期需求、生态和经济过程（见图4-1）。

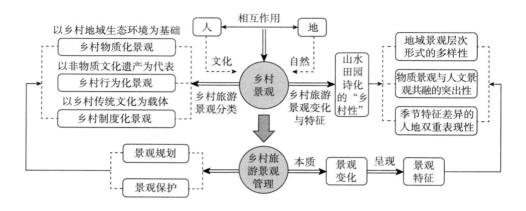

图 4-1　乡村旅游的景观管理体系

资料来源：笔者绘制。

　　通过从地方、空间、景观三个范畴分析可持续乡村旅游可知，乡村旅游地的各层子空间是联动的，乡村地方品牌也在去地方化与再地方化间形成循环，而乡村旅游活动过程中的旅游凝视是非单向的交互的，乡村旅游地的地方本真会面临游客外来文化"示范效应"带来的变迁，乡村原住民在参与（或不参与）旅游经营的过程中也可能会出于商业化目的或出于潜意识的模仿、迎合游客的着装打扮和举止言行等，进而可能会造成乡村原住民的文化记忆和文化认同被冲击，导致乡村地方本真的褪色。显然可持续乡村旅游需要植入逆商品化发展的价值理念，但又不能仅仅融入逆商品化的价值理念，因为随着旅游场域的形成，如果要达成乡村地域系统的可持续发展，乡村旅游地也必然需要借助旅游的产业化力量去适应现代化的社会发展方向。事实上，可持续乡村旅游的产业化与逆商品化并不矛盾，可持续乡村旅游也并非是要彻底摆脱商业化的性质，而是要在旅游发展中进行多元主体协作、多方资源整合、多重利益协调的景观管理，并保持可持续乡村旅游的景观管理内在地从文化本真性出发、向文化本真性的传承与发展回归。

4.3 景观管理在可持续乡村旅游上的应用体系

4.3.1 价值逻辑

乡村旅游景观管理是要处理人地关系，也即处理人与自然的互动关系，其生态环境发展、区域经济发展、社会民生发展三个领域间相互联动，当中涉及三个方面的价值逻辑，如图 4-2 所示。

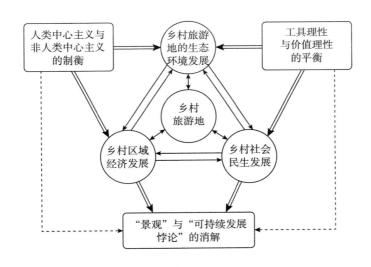

图 4-2 乡村旅游景观管理的价值逻辑

资料来源：笔者绘制。

其一，可持续乡村旅游的景观管理需要意识到人类中心主义与非人类中心主义的制衡。景观是生态环境服务功能和资源供给形成的人类生活生产的空间、场所和网络，是人类社会历史性和创造性的物质记录，是被拥有、被创造、被改变的表达意义的语言，而人类主体能动性则是景观形成的主导性力量。"旅游"和"景观"都是以人的存在为前提的概念，虽然对生态系统的保护是乡村旅游地景观管理的核心和基础，但是极端的非人类中心并不适合乡村旅游景观管理的可持续性与和谐性。在商业经济发展意义上，旅游属于服务型产品，旅游地景观具有无形性、异质性、不可拥有性、生产与消费同步性的特质，其有形展示要素则是传达景观信息的重要途径，人员要素和过程要素是评估管理景观现状的重要线索。这都决定了以人类需求或者说以旅游活动需求为中心的价值取向在旅游地景观管理过程中的重要性。

其二，可持续乡村旅游的景观管理需要注重工具理性与价值理性的平衡。经济发展的工具理性驱动是景观管理不可避免的问题。乡村旅游景观的价值象征通常以价格形式表现出来，如旅游景区的门票、旅游纪念品或乡村当地特产，以及附近房地产因乡村的旅游开发价值或优美景观而产生的高额差价等。在工具理性驱使下，乡村旅游景观有着沦为拜物教符号的风险，然而事实上景观应成为人类社会发展的精神源泉和历史记载。因此，乡村旅游的景观管理需要具备对技术文明负面影响的管控意识，确保景观中自然生态的自我更新能力得以维持和改善，保存景观管理的价值理性。

其三，可持续乡村旅游的景观管理需要实现"景观"与"可持续发展"悖论的消解。景观的"变化"的本质属性看似与"可持续"的概念相冲突，但事实上景观的演变始终反映着特定时间与特定空间的社会和经济需求情况，而可持续发展理念在景观管理上的内涵其实是指向景观类型与景观价值的保护，尤其是在城市化和全球化进程不可逆的背景下，自然与文化间交互形成的"景观"理应成为可持续发展的重要元素。并且，虽然"可持续景观"通常被认为是生态学原理在景观设计学、建筑学和农业实践中的应用，但是事实上景观管理的可持续发展离不开经济资本、社会关系、人类行为的作用。因此，可持续发展理念关系着在乡村旅游地的景观管理中实现土地利用、社会和经济发展、生态系统服务功能间的良性循环或适应性循环，实现乡村旅游景观的价值与功能、规模与水平的可持续性。

4.3.2 技术路线

如前文所述，可持续乡村旅游的景观管理通常要从景观规划与景观保护两个方面一起入手（见图4-3）。在景观规划方面，首先要进行乡村旅游地的地域系统诊断，对乡村旅游地的生态环境和资源情况进行分析与评价，确定当地的旅游承载力、制定游客容量上限。同时，由于乡村旅游的特征之一是以乡村原住民的农业生产生活为旅游吸引物，因此要在旅游开发规划阶段进行乡村旅游地的社区摸底调研，调查当地原住民对旅游开发的认知与态度，了解原住民主体的利益诉求。通过前期"地"与"人"的调查分析进行景观规划的问题诊断，再根据问题诊断进行乡村旅游产品开发、乡村旅游空间组织、乡村旅游基础设施建设。景观规划阶段在技术工具上涉及较多的是 GIS 应用、经济指标预测技术、资源环境承载力评价和环境影响评价技术。

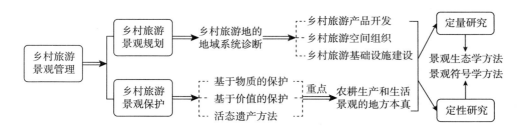

图4-3　乡村旅游景观管理的技术路线

资料来源：笔者绘制。

　　在景观保护方面，乡村旅游景观必然是处于动态变化中的，因此可以借鉴村落活态遗产地的三种保护方法，即"基于物质的保护、基于价值的保护、活态遗产方法"①。乡村旅游景观保护的重点是农耕生产和生活景观的地方本真，是乡村人地关系的和谐与可持续性，这就需要在景观保护中注重乡村原住民的参与，激发多主体参与乡村旅游景观保护的积极性，充分调动和利用当地原住民的地方性知识，结合社区共建和社区共管等方式进行乡村旅游景观管理。其中涉及乡村景观保护信息沟通渠道建设、科学监测体系应用、规章制度落实等技术手段。

　　归纳来说，普适性的景观规划与景观保护技术路线也适用于乡村旅游景观管理。在乡村旅游景观的定量研究与景观评估方面，可以借鉴使用景观生态学方法，研究乡村旅游景观的空间异质性、景观的空间相互作用、景观的空间规律性或梯度性、景观空间的等级结构、景观空间格局与景观过程的相互关系（张林英等，2005）。在乡村旅游景观的定性研究方面，可以借鉴使用景观符号学中对景观形成的过程和文化意义的研究技术。而根据乡村旅游区别于城市旅游的特征，在乡村旅游景观管理的具体技术路线中，生态环境资源评估和原住民情况调研都对乡村地方本真的保护尤其重要。

---

　　① Court S，Wijesuriya G. People-Centred Approaches to the Conservation of Cultural Heritage：Living Heritage ［EB/OL］. ICCROM，［2020-04-07］. https：//www.iccrom.org/sites/default/files/PCA_ Annexe-2. pdf.

4.3.3 结构框架

景观研究自身涉及广义的人地关系问题。根据景观和景观管理的内涵和脉络，乡村旅游景观管理的结构框架主要由四个方面构成，如图4-4所示。

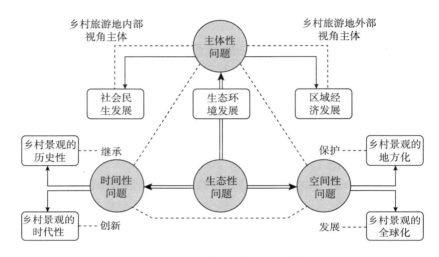

图4-4 乡村旅游景观管理的结构框架

资料来源：笔者绘制。

第一是有关生态性问题。在生态文明时代，乡村旅游景观的保护与规划需要更加以生态性为核心。虽然乡村旅游景观是一种具有经济意义和功能的智力资本，但是在旅游开发与管理中，必须具备生态系统不可逆性的"成本"意识，避免、削减或补偿技术文明负面影响所造成的生态成本和经济成本损失，以促进良性循环为目的，研究制定乡村旅游的景观管理政策，保障乡村旅游地生态环境的可持续发展，并在可持续发展的基础上进行多元拓展，将生态价值合理转化为经济价值与社会价值。

第二是有关主体性问题。沙玛（2013）曾经指出，景观首先是文化，其次才是自然。这是因为景观是由人类感知得到的存在，是人类意识投射在自然生态基础之上的想象或建构。景观作为大自然与人类思想的交汇点，连接了自然和意识，是一种隐匿的意识形态，是"人类社会个体或群体之间相互联系的主导模式"①。景观以人与自然的持续相互作用为内涵，以变化为本质，这意味着景观

① 德波.景观社会［M］.王昭风，译.南京：南京大学出版社，2006.

管理不仅有管理景观变化的自然物质意义，还涉及管理人与自然的关系的变化。并且，旅游作为主体间的邂逅过程，乡村旅游的核心吸引物（也即乡村旅游景观的地方本真）在某种程度上也是邂逅的产物，会在主体的相遇和互动中被赋予意义或被重塑。由于景观的任何功能都是由所有景观构成要素共同作用而成，人类活动参与景观形成的文化模式显然在景观管理之中尤为重要。其一，乡村旅游的可持续发展与当地原住民对旅游的认知与态度紧密相连，乡村原住民对旅游开发的支持程度越高，越有利于当地乡村旅游的发展；其二，乡村旅游的文化要素来自于乡村地域系统的"人—自然"关系，乡村原住民是乡村地方本真的能动载体；其三，从旅游的经济目的性出发，乡村旅游的发展过程存在着多元利益主体的交互。可见，在景观管理中，主体性问题是必须要考虑的重点模块，涉及利益相关者理论。从景观保护与景观规划两方面的内涵来看，乡村旅游的景观管理需要在内外部视角的不同利益主体之间协调利益诉求、解决利益冲突，引导利益相关主体积极配合和参与到乡村景观管理之中，维持个人权利、社会和集体权利与后代权利之间的平衡。

第三是有关时间性问题。景观是被人类拥有和干预的土地，这意味着景观是在人类主体能动性下不断变化的，能够突破"三维"的空间意象，具有"四维"的动态时空属性。同时也因人类对景观的"拥有"和"干预"，使景观的变化可能对人类（如旅游开发地区周边社区原住民）带来难以适应的威胁感（Lörzing，2001），这也使传统文化景观的消失和对新兴景观的萌生成为当代国际学界重点关注的话题。由于景观的形成综合了自然过程与文化过程，一方面，气候变化、交通网络开发、智能技术创新等自然、社会、经济、技术发展的新"时代性"驱动着旅游地景观的变化，影响着景观的保护与规划；另一方面，人类社会影响着景观，景观同样也对人类社会存在着当代的、后代的持续影响，具备兼顾时代性和历史性的文化遗产意义。而景观（尤其是以"文化"元素为主要吸引物的乡村旅游景观）的历史实践往往是过时的（Matthews and Selman，2006），其中的继承性内涵虽然受到时代发展的重视，但是其价值往往难以与新的社会经济要素直接耦合，这也是乡村旅游景观保护与规划的一个主要难题。这便意味着乡村旅游的景观管理必须针对景观的历史性与时代性，解决乡村地方本真的继承与生态、社会、经济价值的创新问题。

第四是有关空间性问题，这里所指的空间性不是单指空间维度的内涵，而是更凸显地方、空间、景观三位一体的辩证关系内涵。景观的实体性注定了景观具有地域性，并且，旅游是人们脱离日常生活与工作的地方以寻求异质性体验来获得愉悦的行为，这意味着景观在旅游话语中的核心价值往往是地方性的。而当代城市化和全球化进程对乡村旅游地景观的影响表现在两个方面：一是在工具理性趋势下，容易出现乡村旅游开发的景观同质化或空心化现象；二是在时代发展的必然性下，乡村旅游景观的生态、社会、经济价值也由地方化进行横向扩展。当下，全球化的大背景，尤其是旅游目的地和游客来源地的地理位置、可达性、流动模式等因素，在很大程度上影响着乡村旅游景观的变化，极端的景观保护主义和保守主义已经不再适合社会经济全球化发展的时代特征，景观多样性和地方本真的保护也都成为乡村旅游景观管理的重要议题。因此，可持续乡村旅游的景观管理需要寻找、建设和维护地方本真，实施合理的景观保护与景观规划，结合现代化发展方向，实现乡村旅游景观价值转化的全域化和全球化发展。

可持续乡村旅游的景观管理需要实现乡村人地关系的和谐、人与自然的和谐，这种和谐关系着一种生态文化的和谐，这就需要研究如何在顺应时代发展中合理地保护和利用乡村旅游地的"原生态文化"，以景观管理的研究平台去实现对原生态文化的"舍—得"或"取—舍"。在可持续乡村旅游发展和生态文明建设中，对所谓的原生态文化，要舍的是其不与时代发展共进的原始化，要取的则是其文化本真性的本质精髓。可持续乡村旅游的景观管理是在内涵上保留地方本真、展现地方本真的同时，在形式上运用现代化、科技化、智慧化的规划和保护手段，来推动可持续乡村旅游在全球化、城市化、现代化的大背景下实现和谐可持续的发展。

4.4 可持续乡村旅游的景观管理模型构建

在可持续乡村旅游中，游客观看和体验的不仅是景观的表层物态，还是景观所表达的生活印迹，因此真正有"生气"的"家园"方能可持续性地吸引游客，可持续乡村旅游的景观管理需要避免舍本求末的错误方向，建设、寻找并维护地方本真，在追求空间正义的基础上促进空间活化，以乡村内视点的和谐与可持续发展作为促进乡村旅游产业发展的本质所在，而并非为迎合旅游产业而将乡村制造为空心化的商品。

借鉴哈罗德·拉斯维尔（Harold Lasswell）在 1948 年首次提出的构成传播过程的"5W 模式"（亦称"拉斯维尔程式"），本书中可持续乡村旅游的景观管理模型构建以"2W2H"为逻辑。具体来说，该理论模型包括四个逻辑单元：其一是目标与原则，即"How"，要进行怎样的乡村旅游景观管理；其二是主体，即"Who"，由谁来实践乡村旅游景观管理，或者是谁会影响乡村旅游景观管理；其三是要素，即 What，要在乡村旅游景观管理中考虑哪些内容；其四是方式、模式与支撑，即"How"，要如何进行乡村旅游景观管理（见图 4-5）。

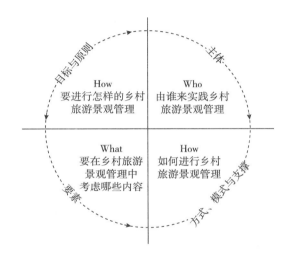

图 4-5 可持续乡村旅游的景观管理模型逻辑

资料来源：笔者绘制。

4.4.1 原则与目标

（1）围绕可持续发展的三个原则

围绕可持续发展这一目标，可持续乡村旅游的景观管理原则包括自然生态系统的存续和谐、人文生态系统的传承和谐、社会经济系统的发展和谐。

其一是自然生态系统的存续和谐。一方面，生态环境资源是可持续乡村旅游发展的物质基础，乡村的自然生态系统也是其人文生态系统和社会经济系统的基础。可持续乡村旅游需要以尊重和保护乡村自然生态系统存续为前提，毫无节制的旅游开发不仅是无效的乡村旅游发展模式，还会摧毁乡村自身生态系统和文化历史的存续。因此，在可持续乡村旅游的景观管理中，需要从景观生态学角度掌握乡村自然生态系统情况，在清晰的乡村生态景观格局中判别当地生态敏感区与人地交互区域，将生态敏感区划为旅游开发限建区，限制旅游活动对乡村生态环境与资源的破坏和占有，在人地交互区域进行乡村旅游的景观规划与保护，并注重乡村旅游的发展过程与当地自然生态系统的协调一致。另一方面，自然生态系统具有整体性特征，可持续乡村旅游的景观管理也需要基于整体有机的乡村聚落系统，保证乡村聚落系统内部各种要素的联结与流通，避免因旅游产业的介入而导致乡村聚落景观体系的割裂，在整体有机的乡村聚落系统之上实现差异化景观布局，依据资源要素特征规划乡村旅游景观的非同质化设计与管理，实现乡村旅游中自然生态系统的存续和谐。

其二是人文生态系统的传承和谐。虽然自然生态系统是可持续乡村旅游的物质基础，但是世界上几乎没有真正脱离人类干预的"自然景观"，乡村景观也一样是以乡村当地人文历史为底蕴的存在，人文生态系统的传承和谐是可持续乡村旅游的前提之一，也是可持续乡村旅游景观管理必须遵循的原则之一。一方面，乡村性在人文生态角度正是乡村生产生活中地方本真的体现，而可持续乡村旅游的核心吸引物正是地方本真的表征。在可持续乡村旅游的发展过程中，乡村的人文生态系统自身需要在适应社会前进方向的同时得以和谐地传承，才能保证乡村旅游生命力的可持续。另一方面，可持续乡村旅游景观管理中的乡村性也涉及文化认同的因素，而任何地域的文化认同并非是一成不变的，尤其是外来游客在进入乡村的同时携带着大量的外来文化，外力作用下的文化融合也必然对乡村的人文生态系统带来一定的影响，因此可持续乡村旅游过程中的地方认同或文化认同也要适应社会的发展与时代的变迁，形成和谐的人文生态系统传承。

其三是社会经济系统的发展和谐。从纵向来看，可持续乡村旅游的景观管理需要在社会经济系统上适应旅游地生命周期动态性。旅游地生命周期理论认为，旅游目的地有着和"产品"相似的"由生到死"的生命周期，都会经历发现、成长、衰落的相对一致的演进过程。乡村旅游地的发展阶段可以被划分为发掘、增长、衰退、复苏等，但也并非所有的乡村旅游地都会依次经过所有发展阶段（严伟涛，2011）。影响乡村旅游地生命周期的因素除了包括乡村当地的环境、交通和基础设施等情况外，还包括乡村旅游地的商业化程度、乡村旅游地形象和文化品牌的创建等（王慧，2018）。由于可持续乡村旅游的景观管理并非是瞬时性行为，因此需要阶段性的调适于乡村旅游地的社会经济系统发展，使可持续乡村旅游发展符合社会经济系统的和谐发展。横向来看，可持续乡村旅游的景观管理则需要在社会经济系统上把控主体间的利益平衡，通过相关利益主体的协调使乡村旅游发展与社会经济系统的发展和谐一致。具体来说，要在可持续乡村旅游过程中以社区参与为重要前提，尊重乡村原住民的利益诉求和发展意见，在可持续乡村旅游的景观规划与景观保护的方案生成与决策执行的全过程中落实社区参与的程序设置，使横向上的乡村原住民、旅游开发方、外来游客等主体的利益平衡通过主体深度参与得以实现。

（2）围绕地方、空间、景观维度的三个目标

围绕地方、空间、景观三个范畴，可持续乡村旅游景观管理的三个目标分别是地方维度上可持续性的去地方化与再地方化循环、空间维度上平等性的"他者"文化交流、景观维度上平衡性的风景与奇观意义导向。

在地方维度上，要以可持续性的去地方化与再地方化循环为目标。从日常生活批判理论来说，反抗资本与权力的力量正是来自看似庸常的生活。乡村始终承载着原住民的日常生产生活，可持续乡村旅游发展的重要力量正是乡村原住民日常生产生活中所呈现的乡村性，并且这种乡村性景观是存在于地方性特色之上的。地方性与地方感是赋予乡村景观旅游价值的重要因素，基于文化本真性的地方依恋与地理想象是避免乡村景观趋于同一化的基础性力量，但可持续乡村旅游始终存在于现代化、城市化、全球化的大背景之下，地方性特色不可避免地夹杂在去地方化与再地方化之间。因此可持续乡村旅游的景观管理目标是要形成一种可持续的去地方化与再地方化的循环，不能令乡村景观的规划与保护脱离社会经济的时代发展方向，也不能把乡村景观打造成千篇一律的标本，不能把乡村旅游的景观规划与保护简单地等同于一般自然风景旅游地的景区模式，不能把乡村文化沦为"乡村旅游景区"的附庸。

在空间维度上，要以平等性的他者文化交流为目标。乡村性是来自乡村原住民在日常生产生活中对乡村"空间"的使用。但在以逐利为动力的旅游资本介入后，乡村景观规划往往会以消费为目的，遭遇迎合游客猎奇心理的空间营造，使乡村原住民原本的生产生活印迹被抹去，使乡村原本的景观规划变成了资本的规训。因此可持续乡村旅游需要在多元主体间形成平等姿态的交流互动，一方面，在文化资本实践中，要避免伴随乡村外部游客而来的资本力量对乡村的景观"规训"压制了乡村旅游本质方向上的景观规划与景观保护；另一方面，要在多元利益主体博弈中正视乡村原住民的能动主体角色，以维持平等性的他者文化交

流来避免徒劳地打造"空壳化"的乡村旅游景观，营建乡村自身"诗意地栖居"化的景观来作为吸引旅游发展的核心元素。

在景观维度上，要以平衡性的风景与奇观意义导向为目标。乡村景观是在多种驱动力作用下持续演变的有机体，而当下被信息技术与经济利益驱使的社会是一种德波所说的难以避免的景观社会（Spectacle Society），充斥着资本的奇观，消费主义下密布的商业街区和同一化的消费娱乐场所在乡村旅游地堆砌，造成乡村景观的异化和碎片化。可持续乡村旅游发展固然离不开景观社会中的信息技术与经济利益驱动，但要使可持续乡村旅游以"诗意地栖居"为方向，就必需警惕在旅游凝视循环下信息技术与经济利益等外力所带来的快速、持续、不可逆的乡村景观突变，避免在资本规训下如外科手术一般的乡村景观切割或整形，杜绝乡村旅游景观的去生活化、伪生活化，使可持续乡村旅游既能够恰当利用景观社会的奇观化特质，同时也能够在景观社会的奇观化中处理好文化本真性的景观规划与保护，维护好乡村景观和谐可持续的自我更新，以实现乡村景观在景观和奇观双重意义上的平衡为目标。可持续乡村旅游的景观管理原则与目标如图 4-6 所示。

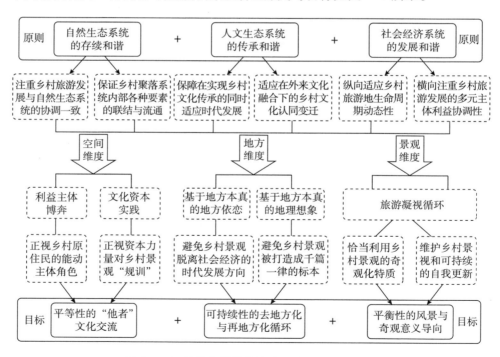

图 4-6 可持续乡村旅游的景观管理原则与目标

资料来源：笔者绘制。

4.4.2 要素与主体

可持续乡村旅游的景观管理处于多元要素的交互与流动之中，并由多元主体参与其中。

（1）多元要素交互和流动

可持续乡村旅游的景观管理涉及多种维度要素的交互。结合 Wascher（2005）在欧洲景观特征区域研究中的要素维度分类和英格兰景观特征评估导则中的景观特征分类框架，本书将可持续乡村旅游的景观管理要素维度划分为三类：一是自然地理维度，指乡村景观的形成与功能；二是社会发展维度，指人类在社会、经济、技术等方面对乡村景观的影响；三是感知美学维度，指人类在审美上对乡村景观的体验（见图4-7）。

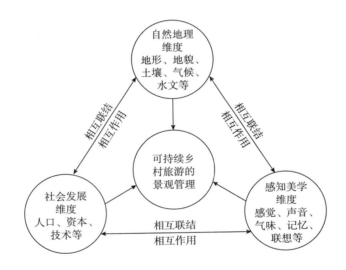

图 4-7 可持续乡村旅游的景观管理要素分布

资料来源：笔者绘制。

相对永久性的自然地理维度要素包括乡村的地形、地貌、土壤、气候、水文等，是形成乡村景观的基本格局。社会发展维度包括人口要素（如游客和旅游捐客、专业人士等）、资本要素、技术要素等，是影响乡村景观规划与景观保护的主要驱力。感知美学维度包括触摸（感觉）、声音（听觉）、气味（嗅觉和味觉），以及记忆、联想等，是可持续乡村旅游景观管理在实践与结果上的落实。

多元要素在可持续乡村旅游景观管理中的表达和运用相互联结、相互作用，如技术要素由人口要素携带，作用于自然地理维度的各类要素，继而又作用于感知美学维度的要素。可持续乡村旅游的景观管理需要针对具体的和阶段性的景观规划与景观保护目标去处理各类要素。

此外，当代技术革命促进着全球化进程，人类社会进入全球流动体的时代。技术加速时代的特征之一就是流动性，诸如资本的流动、信息的流动、技术的流动、人口的流动，以及各类物质的流动等。随着乡村旅游活动"流动性"的加大，旅游行动主体所受到的距离约束越发松弛，旧日的空间边界逐渐遁形，乡村景观管理的自然地理维度要素虽然相对静止，但社会发展维度要素处于流动性状态，感知美学维度要素也有了相对的流动性背景。

可持续乡村旅游发生的地点虽然是在乡村，但旅游场域的资本力量和技术能力使信息、资本、人口、文化等要素在城市与乡村之间流动，以及城乡之间的物质与非物质互动，乡村景观规划与景观保护所需要的资源也得到了充实和优化。在信息流和交通流的带动下，通过生态学、环境学、生物学等专业领域的人才流动和技术、知识要素的流动，可持续乡村旅游能够进一步完善自然生态景观的监测、规划和保护措施。通过资金流、能源流与相关的人才流和技术流的共同作用，可持续乡村旅游在生产性景观和生活性景观上的交通、通信、燃气、自来水等问题能够进一步补足基础设施建设短板，落实乡村旅游地的厕所革命、污水治理等工程，提升乡村旅游地的宜居程度。

而旅游是主体的邂逅，对乡村旅游地而言，"人"是乡村景观存在的真谛，乡村景观对乡村内部主体而言的宜居性提升也与乡村旅游地的"栖居"象征一脉相承。因此，可持续乡村旅游的景观管理不仅要注重多元要素的交互与流动，也要注重多元主体的参与，方能使乡村景观的非商业价值在旅游场域下可持续地衍生出商业价值。

（2）多元主体参与

旅游活动是一种游客与东道主等各主体间互相成为他者的过程（杨明华，2009），乡村性也是由多元主体共同表现的（Woods，2010），乡村景观中的地方本真需要以"人"为能动载体、需要通过体验来传承，也就是需要以人和环境的融合互动来让游客得到对乡村景观的真实体验。换言之，可持续乡村旅游的景观管理需要依靠"人的气息"使乡村旅游地展现生命活力，实现乡村文化本真性的活态传承。显然可持续乡村旅游的发展是多元利益主体参与的过程，其景观管理也涉及多元主体的角色转换。本书将可持续乡村旅游的景观管理主体归纳为三类五种：一类是从内部视角而言，具体主要指乡村原住民；二类是从外部视角而言，具体主要指乡村游客；三类是介于内外间视角，具体又包括三种，即中央政府或地方政府和相关机构等管理部门、承接旅游开发及经营旅游活动的资本方、旅游掮客或专家学者等其他人士，如图4-8所示。

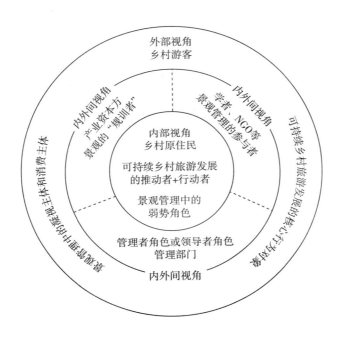

图4-8 可持续乡村旅游的景观管理主体分布

资料来源：笔者绘制。

重点来说，管理部门即可持续乡村旅游景观管理的管理者角色或领导者角色，通常以集权式、分权式、均权式等领导方式，进行乡村景观管理的组织与协调，制定总体战略方向，颁布相关政策和实施细则，具有景观管理决策的权威性。而管理部门在可持续乡村旅游发展中的参与并非仅关乎旅游业的经济性质，因为旅游产业对游客与乡村社区来说也关系着教育发展和文化体验，尤其是对某些相对贫困山区旅游地而言，更关系着乡村扶贫事业的发展。

产业资本方是指以资本投入乡村旅游，通过旅游产业经营获取资本回报的个体或群体。产业资本方始终围绕着资本获利的目标，在可持续乡村旅游的景观管理中通常借助资本的力量沦为景观的"规训者"，其为获取旅游经济利益可能会迎合游客进行景观制造，不免出现破坏乡村自然生态系统和人文生态系统的情况。但从积极角度而言，乡村旅游的可持续发展也需要资本的加持，如乡村基础设施的完善、旅游项目的建设、协调乡村原住民的生态补偿等资金投入等，都需要以产业资本为依托。

作为可持续乡村旅游的东道主，乡村社区原住民理应同时是乡村旅游可持续发展的参与者与受益者。面对管理部门与产业资本方，乡村原住民往往被迫成为景观管理中的弱势角色，也因城乡经济发展不平衡的大背景而在外来游客群体面前呈现相对的文化弱势，如对比城市游客的"洋气"而显示出"乡土气"等。角色权力的弱势与文化差异的显著都导致乡村原住民在可持续乡村旅游的景观管理中缺失话语权，进而常常导致乡村原住民在生产生活过程中隐蔽地抵抗着旅游开发的资本力量对空间的异化。因此，乡村原住民需要在可持续乡村旅游中由抵抗者的角色充分转向积极参与者的角色，这就需要在景观管理上尽量清除造成乡村原住民抵抗心理的消极因素，使乡村原住民在旅游场域下的经济理性考量能够更和谐地凸显出来，从而积极融入乡村旅游开发之中。

来自外部视角的乡村游客群体通常具有极大的短暂流动性，是可持续乡村旅游的核心行为对象，并不直接参与乡村旅游景观管理，却直接影响着可持续乡村旅游的景观管理。游客在乡村旅游景观管理中处于凝视主体和消费主体的角色，同时也具有相对的或间接的参与者的角色性质。一方面，在乡村旅游消费中，游客无时无刻不流露出自身的兴趣焦点和审美取向，使产业资本方在旅游经营中投其所好地打造出（自认为）符合游客期待的景观甚至奇观；另一方面，由于当下可持续乡村旅游发展的演变趋势越发走向以体验为特色的游憩形式，强调游客在乡村地域系统中的互动参与，因此在可持续乡村旅游发展过程中，游客作为行为主体，对乡村景观管理的自然生态系统和人文生态系统都有着直接或间接的参与性影响，其自身携带的资本消费也参与了乡村社会经济系统的发展，于是游客在景观管理中逐渐演变出一种建设性参与。游客的建设性参与既是景观管理的有利因素，也是需要严格约束的元素。例如，在部分限制开发的生态景观区域，需要严格限制游客任何形式的体验性参与，仅保留静态凝视的观光方式。

此外，旅游掮客、科研学者、NGO 机构等主体也对可持续乡村旅游的景观管理具有一定的影响，其具体参与有可能是自上而下的方式，也有可能是自下而上的方式。概括来说，在可持续乡村旅游的景观管理中，多元角色的参与是乡村旅游多元利益相关者所决定的必然，所有角色主体都与可持续乡村旅游中的自然生态系统、人文生态系统、社会经济系统的和谐发展密切相关。

4.4.3 路径与模式

如第 1 章所述，当下中国乡村旅游的异化主要表现为地方性的磨损和重置、空间的挤占或掏空、景观的同质化和空心化。地方、空间、景观是审视可持续乡村旅游发展的三个范畴，而可持续乡村旅游的景观管理也是由内外部力量共同作用的，内部动力关系着多元主体利益博弈和文化资本实践下的空间联动，外部驱力关系着由经济目的的商品化与社会背景的全球化所形成的去地方化与再地方化的循环，内外部力量的耦合则关系着旅游凝视下乡村风景与奇观双重属性的双重导向，由此，形成可持续乡村旅游景观管理的三条路径（见图 4-9）。同时，如前文所述，一般而言，可持续乡村旅游的景观管理可以划分为景观规划与景观保护两种模式。整体来看，可持续乡村旅游的景观规划包括三个模块，一是乡村空间联动的实践，二是乡村去地方化与再地方化的实践，三是乡村旅游凝视下的景观重构实践；可持续乡村旅游的景观保护也包括三个模块，一是从空间维度正视乡村文化本真性的舞台化问题，二是从地方维度正视乡村文化本真性的地方依恋与地理想象作用，三是从景观维度正视乡村文化本真性在旅游凝视下的"原生态文化"悖论。

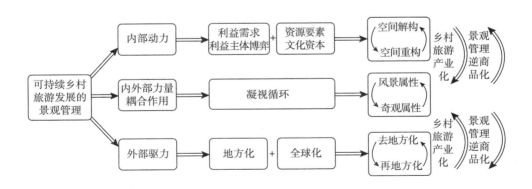

图 4-9 可持续乡村旅游景观管理的三条路径

资料来源：笔者绘制。

（1）地方品牌管理

"地方"是地理学的重要概念，着重从人的主观层面来认识和理解人地关系，既具备一种相对永恒的性质，又在全球化和城市化的外部因素驱动下具有流动变化的意义。可持续乡村旅游发展需要充分延续和激活乡村的地方化资源、开发乡村特色的异质化旅游产品、推动乡村地方本真的保护与振兴，使扎根乡村本地的文化本真性在旅游活动中流动起来，可以通过分析地方维度下可持续乡村旅游的驱动机理和机制，把握乡村景观的去地方化与再地方化循环，从地方品牌角度来探讨乡村旅游的可持续性发展问题。

在景观规划模式上，乡村去地方化与再地方化的实践模块，需要在全球化的大背景下建构可持续乡村旅游的地方品牌。全球化是现代世界的一种状态、一种复杂连接、一种快速发展且不断密集的网络系统（李炎，2013），如吉登斯所言，全球化已经是人类社会一种背景环境的转变，不容否认的存在着、影响着人们的生活。可持续乡村旅游虽然要以地方本真为"卖点"，但是绝对无法规避全球化在乡村地方品牌建构上的影响，因此可持续乡村旅游的景观规划既需要握稳地方本真的意义，也需要抓住去地方化和再地方化的要点。一方面，地方虽然有着安全感和稳定感的价值，但是"稳定"和"变化"都是人类社会发展必不可少的，在这一角度上，地方也有可能束缚或抑制人的发展潜能，要始终考虑全球化和现代化是人类社会毋庸置疑的发展背景和发展方向，充分结合全球化的旅游文化元素，充分融入全球化的旅游基础服务设施元素，恰当允许乡村景观规划的去地方化演变，避免在景观规划中出现刻意地方化的取向、避免因此而导致游客对乡村景观出现闭塞或停滞的误读。另一方面，全球化并不意味着对乡村地方本真的全然解构，虽然全球化必然会对乡村地方本真产生去地方化的作用，但是乡村的地方本真也将在全球化过程中进行更多闪亮出场的"表演"（展现），因此要充分利用乡村地方本真自身的创造和更新来完成其在全球化文化符号意义上的建构，也要充分借助旅游活动中的全球化元素（也即部分外来文化）来补充、启发、刺激乡村景观的地方化特质，恰当允许乡村景观规划的再地方化演变，令乡村旅游地的地方化元素与全球化元素产生积极的摩擦与竞争、交流与融合，通过平衡地方化、去地方化、再地方化的循环，使乡村景观在地方化和全球化之间取得可持续发展的平衡。

在景观保护模式上，需要从地方维度正视地方本真的地方依恋和地理想象作用。"地方"是有既定价值的安全中心（Tuan，1977），对乡村原住民而言有着栖居之"家"的意义，对游客有着关于乡愁的"家"形象的寄托。一般而言，游客和乡村原住民虽然都存在地方依恋，但两者的差异是游客的地方依恋主要形成于旅游体验中，当地原住民的地方依恋则形成于其生活日常之中。无论是从内部视点还是从外部视点来说，地方依恋是人对地方的积极情感联结，表达着人们在某一地方感到舒适和安全、倾向于留在这个地方的心理状态，或体现为人们希望与某一地方保持邻近的距离。例如，乡村旅游地原住民愿意留在"家乡"的情感，外迁人士对"回归故土"的渴望，游客在乡村旅游结束后想要再次重游的意愿等。乡村自然地理维度要素上的物态景观、社会经济维度要素上的乡村原住民生活印迹，都投射了乡村地方本真、维系了地方依恋、生成了地理想象。因此在乡村景观保护中，一方面要对涉及乡村原住民生活历史的物质景观形态保留并保护，另一方面也要对乡村景观中原住民的生活印迹予以保护。适度的商业化对旅游地原住民的地方依恋也有着积极促进作用，而过度商业化则会破坏或中断地方依恋，对具有典型地方依恋表征的乡村景观不仅要保留、保护，还要在旅游活动中避免过度沾染商业化痕迹。也就是说，乡村旅游的景观保护不仅要保护和维护乡村物态景观的存在状态，还要保护乡村景观不被商业化完全侵蚀。

（2）空间体系管理

空间是景观管理的概念维度之一，主体性问题也是景观管理研究框架的重要构成。在旅游场域形成后，以旅游为媒介的资本和权力等结构性力量相互交织、渗透，重塑了乡村地理空间的社会关系、文化意义和人地关系，使乡村的地理空间实践经历了"增长全球化"和"全球本土化"的双向塑造、从"地方性空间"向"流动性空间"的转变（郭文，2020）。在生态文明大背景下，可持续乡村旅游需要在经济发展、文化传承、诗意栖居之间实现一种主体间的和谐，可以通过利益主体博弈和文化资本实践的双轮驱动机制去分析乡村旅游地解构与重构后的空间交互网络，从空间体系角度探索可持续乡村旅游中有关地方本真的问题。

在景观规划模式上，乡村空间联动的实践模块需要纠正乡村景观规划中存在的偏重经济效益而忽视生态效益的现象，在生产空间、生活空间、生态空间与旅游空间的联动上寻找经济效益与生态效益的平衡。其一是可以将乡村生产性景观与生态性景观相结合，体现旅游空间的体验性。例如，以乡村当地特有农作物、特色花卉植物为对象，在保障生态环境不被破坏的前提下，规划生态游憩区域、设计生态游憩景观。其二是可以将乡村生活性景观与生态性景观相结合，体现旅游空间的沉浸性。例如，升级和扩大传统"农家乐"或"渔家乐"在住宿和餐饮上的旅游产品服务，结合乡村山水林田湖草的自然生态系统景观，打造山居生活体验等深度乡村度假项目，或是结合乡村林草中药材资源，打造乡村森林康养游憩项目，规划山居、田园、森林等生态式生活体验景观。此外，在"三生"空间和旅游空间的联动中，要利用乡村景观自然元素与人文元素的制衡，以对自然资源永续利用的生态文明理念为基础进行景观规划，避免人工修饰痕迹淹没乡村景观中的地方本真。

在景观保护模式上，需要从空间维度正视文化本真性的舞台化问题。作为乡村旅游客体的乡村景观不仅包括生态空间层面的山水林田湖草和乡村建筑等有形物质，也包括生产空间和生活空间的乡村民俗礼仪、节庆活动、农事活动和日常田园生活等由人类活动与自然环境共同构成的风景，后者这类景观中的地方本真更为突出，但也更容易存在舞台化现象。舞台化是对地方本真的一种展演，也可以理解为是被加工再造过的原生态文化。麦坎内尔在1973年提出旅游领域的"舞台真实"，指旅游东道主为使景观和事件更真实而进行舞台化处理。舞台化真实是为吸引游客而产生的非原始客观本体意义上的真实，同时也有着保护后台的内涵，即保护旅游目的地传统文化不被破坏。舞台化问题也被部分学者描述为幕布现象，即设立在旅游场所的"前台"入侵及"后台"保护之间的情感防线（汪芳等，2017）。有学者指出，当下时代的游客在旅游中寻找的地方本真基本都会是舞台化的真实（Cohen，1988），这在本质上是出于旅游活动的经济属性。乡村旅游产业的开发需要为乡村当地带来经济收益、拉动区域经济增长，旅游经营者及参与旅游发展的乡村原住民会迎合游客的旅游凝视使用舞台化的方式突出文化本真性资源，游客在乡村旅游中会充满对乡村旅游地景观的舞台化凝视。虽然文化本真性是游客选择到乡村旅游地游憩的原因，但是文化本真性并不意味着可持续乡村旅游无须商业化和商品化发展，这是因为旅游场域的地方本真在本质上是多元主体参与制衡的结果，而游客是多元主体的重要组成部分，游客的乡村旅游活动始终存在于现代化和全球化的消费社会背景下，因此可持续乡村旅游的景观保护需要充分利用乡村"三生"空间与旅游空间的联动，在空间联动中维持乡村景观商业化和原生态化的平衡，维持乡村文化本真性的舞台化与非舞台化的平衡，实现真正可持续发展的乡村景观保护。

（3）景观属性管理

在旅游活动中，景观的属性会受多方向的旅游凝视作用而发生转变。当旅游场域形成，资本开始介入，如果景观的规划与设计是以资本逐利为导向，迎合游客的凝视，那么乡村景观规划与保护将指向消费目的，乡村空间完全商品化，不再是"诗意地栖居"的乡村，景观规划也将从"规划"变成资本和权力的"规训"。资本规训所带来的乡村旅游景观品质下降一般表现在乡村景观的同质化与空心化上，如抹杀了原本具有乡村性的地方性景观特色，取而代之的是相似模式的商店、酒吧、民宿、大排档等，或迁走原本在乡村当地生活居住的原住民，拆除原始的乡村建筑或雕塑，改为修建经过资本"规划"的旅游景点式的"乡村景观"，供游客打卡拍照，看似颇具乡村性，实则既没有历史文化积淀也没有人们的生产生活痕迹，沦为"千村一面"的空心化或同质化乡村旅游景观。同质化与空心化的景观，在实质上就是景观社会，也即一种奇观化的属性，可持续乡村旅游的景观管理刚好可以从景观属性维度去把握风景与奇观的双重导向，既在乡村景观中融入旅游的产业化性质，也同时警惕乡村景观完全向旅游产业化沦陷。

在景观规划模式上，乡村旅游凝视下的景观重构实践模块需要根据景观基因理论要点对乡村景观识别并提取景观"基因"，这种景观"基因"显然是既根植于又表征着乡村的地方本真，是经历历史沉淀与环境适应后的景观内在特性。景观基因理论是借鉴生物学中的基因概念，包括三大要素，即景观信息元、景观信息点、景观信息廊道（刘沛林，2014）。景观重构是景观形象的再造与重塑，并且，乡村景观规划中的景观重构通常可以遵循由点到线、由线到面的逻辑，其中，"点"诸如乡村民居建筑或其他具体景点，"线"诸如乡村街巷或河与溪流，"面"诸如村落或者说是乡村聚落形态。对应着三个基本要素。具体来说，首先要识别和挖掘乡村景观基因，识别和提取乡村景观节点，识别和重组性质相同或彼此关联的乡村景观节点，组成乡村景观廊道，然后根据乡村空间结构，布局景观廊道，形成乡村景观形态。其中，乡村景观基因的识别要素包括自然地理、社会经济、感知美学等多种维度，显性乡村的景观基因主要指直接被游客视觉凝视的物质景观元素，隐性的景观文化基因即对应非物质元素，包括被游客在体验中凝视到的民族或宗族文化、饮食或祭祀等传统风俗等。乡村景观节点的提取一方面要在乡村原始景观中提取历史风貌突出、文化本真性明显的景观节点；另一方面要适当运用舞台化真实的要点，变形或创建乡村景观节点，并配合完善基础设施和公共服务建设。提取景观节点后，将所有景观节点有逻辑地组合排列，形成景观廊道，并根据乡村旅游发展对景观廊道进行灵活的组合调整，最终形成乡村文化本真性景观元素与乡村旅游奇观化元素相互平衡的乡村景观形态。

在景观保护模式上，需要从景观维度正视地方本真与"原生态文化"的悖论。可持续乡村旅游的景观管理对地方本真的保护、传承与利用的一种直接目的是让游客更好地体验当地的异质性文化。地方本真绝非等同于原生态文化概念，但在一定程度上也含有原生态文化之意。旅游凝视下的乡村景观存在风景与奇观两种属性，从地方本真的原生态文化意义来说，"原生态文化保护"之说显然存在不合理之处，或者说，乡村旅游的"原生态文化保护"方向是并不可取的。首先，在经济社会发展的现实和生态文明建设的大背景下，乡村旅游需要一种可持续发展的方向，旅游过程中的凝视也是多元主体间非单向的、持续动态互视的，即使静态标本式的景观保护能够保护"原生态文化"的稳定，但却不符合可持续发展的现实。再者，"原生态文化"和"原生态文化保护"也被认为是标签式的议题，是精英和媒体共谋的神话，对乡村原住民而言未必是绝对有利的。这是因为"原生态文化保护"的话语常伴随着政府、专家等外界权力的调控和干预，外力的干预携带着一定的景观规训，因此在景观内部也难以避免会产生外界力量对乡村原生态文化的规训，意味着被"保护"的"原生态文化"事实上已经不再是真正的原生态文化。因此，可持续乡村旅游的景观保护要摒弃对原生态文化的静止式维持、摒弃对原生态文化的机械性重复或再现。可持续乡村旅游所需要的景观保护要着眼于旅游凝视下乡村的风景与奇观双重属性和导向，要从乡村当地的生产生活印迹和人与自然的交往出发，回归人与自然的关系，回归乡村的生产生活印迹，展现乡村地方本真中与自然和谐相处的生存样式和生活智慧。

可持续乡村旅游的景观管理理论模型如图4-10所示。

4.4.4 支撑与要点

景观并不是纯粹的视觉现象，而是物质与文化要素的组合呈现，因此可持续乡村旅游的景观管理既要在物质要素上以科技创新为外部支撑，又要在文化要素上以文化本真性为内部支撑，通过双重支撑使乡村景观在地方本真的内在上能够合理地拥有外在的创新与革新。此外，可持续乡村旅游的景观管理在实践中还需要注重两个要点：一是关于乡村旅游地生态、社会、经济的良性循环；二是可持续乡村旅游的产业化问题。

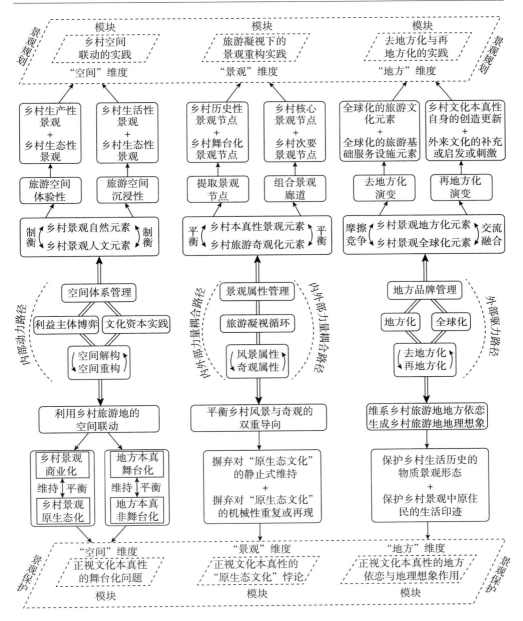

图 4-10 可持续乡村旅游的景观管理理论模型

（1）内部与外部支撑

从外部力量来看，可持续乡村旅游的景观管理需要以科技创新为外部支撑。

科技创新既是当今信息社会旅游发展不可或缺的推动力量，也是景观管理不可或缺的实践手段。可持续乡村旅游过程中的景观规划和景观保护都需要信息共享与协同，离不开信息管理和服务平台的建设。其一，针对可持续乡村旅游的景观管理部门，建构乡村旅游大数据体系，形成横向跨部门、纵向贯通国家与省级旅游行政主管部门的旅游统计体系，建立旅游产业和乡村景观管理的协同电子政务体系，利用 GIS 等技术建构乡村旅游景观规划与景观保护的数据库等。其二，建设面向乡村外部公众、服务于游客和相关产业或研究团体的旅游信息平台，向社会提供乡村旅游地的自然地理和人文历史情况、旅游出行与食宿服务等信息。其三，建设面向乡村内部，为乡村原住民提供关于旅游开发的利益诉求协调系统，以及有关个人利益和当地生态环境等方面的发声平台，以协调原住民与旅游开发之间的关系。

从内部力量来看，可持续乡村旅游的景观管理需要以文化本真性为内部支撑。学界普遍认为乡村性是乡村旅游的核心吸引力，可持续乡村旅游在经济属性上所消费的即是乡村景观中的乡村性。乡村性是乡村区别于城市地域系统的客观存在和本真属性，既体现在乡村生态环境的自然风光上，也体现在乡村原住民的生产生活方式上，尤其在本质上密切联系着乡村原住民的日常生产与生活。更具体来说，乡村自然景观和人文景观投射出的乡村性的精髓正是乡村旅游地的地方本真。

景观具有实践上的继承性和空间上的发展性，其继承性源自文化本真性的内部支撑，其发展性也需要从本真性的内部支撑出发。但现代工业文明在政治、经济、技术等各种维度中不断扩张，乡村的文化本真性也面临着被消解或被同化的危机。尤其在可持续乡村旅游中，地方本真在"原生态文化"的意义上自身存在着一定的问题，如前文所述，原生态文化的物化和固化的层面存在保守和封闭倾向，无法适应人类社会现代化和全球化的发展方向。而乡村旅游存在于消费社会之下，乡村旅游地也无可避免地向现代化、全球化和商业化靠拢，那么游客通过乡村旅游所寻找的异质性文化将何在？在这种现实下，地方本真将会有不止一种可能，除了可能会在发展中消逝、虚无化，也可能会在旅游语境下被再造、发明，又或是发生介于两者之间的舞台化。

归纳可持续乡村旅游中地方本真遭遇困境的因素，主要是关乎全球化和商业化。乡村文化本真性在原生态文化意义上与人类社会发展形态和状况有着密切联系，一般而言，一个地区的社会形态发展越相对滞后和封闭，越有可能保留更多的"原生态文化",而人类社会发展已经明显存在全球化趋势,由此也再次可见原生态文化与现代化发展有着相背驰的征兆。虽然原生态文化中的部分因子被认为可以和现代性相调和或可以通过文化重构带来的良性变迁适应现代性,但原生态文化在乡村旅游中的利用也会有"变质"的风险,这种变质主要是在旅游开发的商业化趋势下为展现原生态文化而产生"发明传统"的现象,也就是一种超过了舞台化,又或对舞台化过程加码所产生的对"原生态文化"的创造。

当然,任何事物都需要辩证思考。虽然全球化与商业化使可持续乡村旅游的地方本真面临变质风险和暴露过度的舞台化痕迹,但是其文化本真性符号也在全球化过程中得以更加彰显地方性。经济利益的推动作用是传统与现代相互妥协的根本原因,可持续乡村旅游发展的适度商业化对乡村地方本真也不会一味地破坏,相反有可能带来有利的推动,有利于乡村地方本真的传承,更加突出乡村旅游"诗意地栖居"的价值。

虽然消费社会是当今时代的现实,但地方本真在乡村旅游中并不能沦陷于商业和经济利益的圈层,不能仅成为乡村旅游地的宣传或炒作的素材,而是需要成为一种影响景观管理的价值取向,同时成为景观管理需要注重的要素。保护乡村景观中的地方本真并不是拒绝前进、排斥创新,而是要在使用或利用中使乡村的"原生态文化"活下来,使地方本真不被磨损。

(2)两个现实要点

首先,可持续乡村旅游的景观管理需要形成良性循环。在乡村旅游地的生态环境发展、社会民生发展、区域经济发展三个目标领域上,极有可能发生某一领域的繁荣发展却为另一领域带来不良发展的情况。例如,盲目开发的旅游业虽然能短暂提升区域经济水平,但是会导致乡村当地生态系统的失衡。因此,可持续乡村旅游的景观管理必须深入研究乡村旅游地的生态环境发展、社会民生发展、区域经济发展三者之间各自的和整体的良性循环。

在具体实践上,可以针对不同类型的乡村旅游地,围绕人与自然互动关系的价值逻辑,分别进行科学化的乡村旅游景观规划与景观保护。对乡村物质化景观,运用景观生态学方法展开景观评估,分析景观变化趋势与变化机制,据此制定当地乡村景观规划和景观保护措施,并划定游客容量上限。对乡村行为化景观与制度化景观,运用景观符号学方法展开定性研究,在尊重地方本真的基础上进行乡村人文景观的规划与保护,以地方性与地方感作为乡村旅游产品开发的核心吸引物。

其次，可持续乡村旅游的景观管理需要关注产业化问题。乡村旅游发展是多维概念，是以实现人民群众对美好生活的向往为目标，对乡村经济、社会和生态环境在当前能力和未来潜力方面的可持续利用与提升。可持续乡村旅游的景观管理要实现城镇居民游憩活动中对"诗意地栖居"的追求与体验、对乡愁的表达和弥补，实现乡村原住民在生产生活中的"诗意地栖居"状态，推动乡村振兴的进程，在坚持绿色发展理念的前提下，充分激发乡村旅游的经济发展潜力。

当下时代的乡村旅游发展显然离不开产业化路径，其景观管理也无法脱离产业化问题的现实影响。一是可持续乡村旅游需要通过产业化发展来提升对乡村生态环境资源与乡土文化、地方文脉等要素的有效、高效保育和利用，在产业化发展中重视"文化"这一核心元素，挖掘乡村旅游地的地方本真，保育乡村地区的文化遗产、传承乡村性的历史文化，激发乡村地区有关增进国家文化软实力的潜力，增强乡村地区的文化自信，并从中满足游客的多元旅游体验需求，提高乡村的社会和经济发展水平。二是可持续乡村旅游需要在产业化发展中协调乡村地区的空间生产、维护乡村地区的地方依恋，保障乡村原住民生产与生活的物质与非物质环境，充分发挥乡村景观的乡村性特点，增强乡村旅游产品的创新性。三是可持续乡村旅游的产业化发展需要通过提高现代化、宜居性、基础设施完善性、信息化和智慧化水平等要素，来为游客提供更好的乡村旅游体验。此外，可持续乡村旅游发展在产业化方向上也需要依靠市场的导向和创新的驱动，前者是指要以清晰的市场供求关系作为乡村旅游开发的导向，后者是指要以创新来丰富乡村旅游产品的内涵与外延，并由此推动乡村旅游的产业融合与集群发展。概括来说，可持续乡村旅游的景观管理需要同时进行产业化发展与逆商品化保育。

概括来说，景观管理自身是具有交叉学科视野的综合性理论工具，可持续乡村旅游的景观管理是通过对乡村景观变化的管理，去掌握有关乡村旅游的景观影响的管理，以景观保护和景观规划为常用模式，以生态文明建设为背景处理人地关系的价值逻辑，去探索和分析可持续乡村旅游的主体性问题、空间性问题、时间性问题。

由于本书为理论研究，不对景观管理中的具体指标选取与技术过程做实证分析，从理论模型构建来说，可持续乡村旅游的景观管理原则是自然生态系统的存续和谐、人文生态系统的传承和谐、社会经济系统的发展和谐；景观管理目标是可持续的去地方化与再地方化循环、平等性的他者文化交流、平衡性的风景与奇观属性演变；具体的景观管理过程由多元要素交互和流动、由多元主体参与；在地方、空间、景观三个范畴上，存在由空间反映地方、由地方孕育景观、再由景观投射空间的相互联系，对应着可持续乡村旅游景观管理的三条路径，即地方品牌管理、空间体系管理、景观属性管理；每条路径都可以划分为乡村景观规划与乡村景观保护两种模式；在可持续乡村旅游的整个过程中，将以科技创新的外部力量和文化本真性的内部力量为共同支撑，在具体实践中需要注重乡村景观管理的良性循环，合理对待可持续乡村旅游景观管理的产业化问题。

　　本书所建构的可持续乡村旅游的景观管理理论模型，一是旨在为未来乡村旅游的相关研究拓宽理论思路、拓深研究焦点；二是旨在为地方政府、旅游管理部门和旅游开发方提供关于可持续乡村旅游发展和管理的实践思路或决策依据。并且，该理论模型是建立在中国乡村旅游的普遍性问题之上的，虽然具有一定的普适性，但是在具体的乡村旅游发展中也有必要因地制宜、"一地一议"地进行研究探讨。该理论模型中的三条路径及每条路径的两种模式都是旨在提供三种路径思路、介绍三种审视维度，在具体的乡村旅游实践中，可以根据乡村旅游地的具体情况和特色，选择一种或多种维度的路径进行景观管理。

5 安徽省呈坎村旅游发展的景观管理解析

5.1 呈坎村乡村旅游概况

徽州文化是中国三大典型地域文化之一，古徽州历史文化由徽州文化旅游区的开发得到了一定的承载。呈坎村就是古徽州乡村旅游地代表之一。呈坎村在行政区位上原为徽州首府歙县辖地，现隶属于黄山市徽州区呈坎镇，村域面积约12.28平方千米。2020年6月，中国传统村落数字博物馆官网显示，呈坎村共有户籍人口3728人，常住人口3728人。

在自然地理上，呈坎村位于黄山东南麓河谷盆地，地处新安江上游，是长江流域与新安江流域的分水岭，属亚热带季风性湿润气候，四季分明、气候温和、雨量适中。村落中心轴线坐西朝东，四周众多山峰环绕，具有明显的垂直地势特征，盆地东面是灵金山，上、下结山，西侧有葛山、鲤王山、龙山和龙盘山。川河自南向北，呈"S"形流经基址居民区，由西北进入村落，向东南方趋近，再向西南方流出村落，并大体将村落划分成河西的居住区与河东的田地区，居住区地势平坦又具有一定坡度，可以避免洪涝灾害，形成安全便利的生产生活环境。

在村落的空间布局上，呈坎村奉行"周礼"所规定的"左祖右社，前朝后市"的布局形式，村北（左）有罗东舒祠，村南（右）有长春社，一祠一社、一南一北、左祖右社遥相呼应。村北的上水口山林浓密，建有龙山庙，村南的下水口是藏风聚气之部位，历史上有都天庙、隆兴桥、钓鱼台、观音庙、百步云梯和隆兴观，和廊桥、乐济桥、女贞观、关帝庙、文会馆、文昌阁、藏经楼、大圣堂、旷如亭、石牌坊等建筑。图5-1展示了呈坎村进入景区后的乡村性景观。

图5-1 呈坎村进入景区后的乡村性景观

资料来源：笔者于2023年在安徽省呈坎村拍摄。

中国历史上有关呈坎村的文字记录始于唐朝末年，根据元代张旭的《罗氏族谱序》中的介绍，唐朝末年，江西南昌府罗氏秋隐公（后罗始祖）、文昌公（前罗始祖）两兄弟为避战乱举家迁入歙县，"择地得西北四十里……名龙溪，改名呈坎"，并"筑室而居焉"，草创成村，随后呈坎成为罗氏家族的聚居之地。明清时期呈坎村形成了前河、中圳、后沟的人工环境系统，也兴建了大量的民居和祠堂等建筑。明代初期，罗氏文昌、秋隐二公后人分别建起前罗总祠和后罗总祠，族群里的各个分支也纷纷建立支祠，支祠最多时仅后罗系就曾达到二十多个。清末时期，呈坎村渐渐走向衰落。再到民国年间，公路的修建使途经呈坎往许村直达芜湖的"官道"的商业地位大为降低。到1987年，黄山设立为地级市，呈坎划归黄山市徽州区，并于2002年撤乡设镇。

呈坎村历史建筑遗存丰厚，街巷肌理复杂，汇集了徽派不同风格的亭、台、楼、阁、桥、井、祠、社及民居建筑，以及精湛的工艺及巧夺天工的石雕、砖雕、木雕等物质文化艺术，村内宋、元、明等朝代的古建筑群体具有很高的历史研究价值。2012年11月，呈坎村被住房和城乡建设部、原文化部、财政部列为第一批传统村落。2014 年 7 月，呈坎村被列入首批中央财政支持的中国传统村落名单。2020 年 8 月，呈坎村入选第二批全国乡村旅游重点村名单。呈坎被称为全国独一无二的保存最完好的明代古村落，也素有"中国古建筑艺术博物馆"的美誉，现有徽派古建筑 150 余处，其中宋代和元代建筑各 2 处、明代建筑 23 栋、清代建筑 130 余处①。其中，罗东舒祠和呈坎村古建筑群分别于 1996 年和 2001 年被列入国家级文物保护单位，而罗东舒祠是我国现存规模最大的家族祠堂，其规制及雕刻都是当地宗族历史文化的生动写照。并且，呈坎村历史上人才辈出，包括诸如宋代龙图阁大学士、吏部尚书罗汝楫，以及其子史志学家罗愿，正是朱熹在诗中所提到的"双贤"，还包括如"扬州八怪"之一大画家罗聘、徽州明代制墨大师罗小华、岳飞案主审官罗汝楫等。而直到现代，呈坎村人口中仍以罗姓为主，也仍旧依托宗祠、家谱和古民居承载着其宗祖历史文化。浓郁的历史文化为呈坎村的地方本真增添了底蕴。

丰富的历史人文景观是呈坎村的重要特色，同时，风水文化也是呈坎村旅游发展的地方本真所在。呈坎村从村名到村落空间结构、建筑设计等各个方面，都深受传统风水文化影响，因此也享有"中国风水第一村"之名，并从 20 世纪 90 年代开始以此为理念进行旅游开发。呈坎村在选址、命名与布局上都受到了《易经》影响，运用《易经》八卦风水理论，诠释天地万物相生相克的理念。村落命名应和了"阴阳二气统一、天人合一"的启示，"阴"即"坎"，"阳"即"呈"，村落基址位于山水环抱的中央，体现出"负阴抱阳，背山面水"的风水观念，西部为主峰，山体高大，为人居空间营造出安全的背靠环境；北部和南部则为次峰，为风水学中对村落具有一定庇护作用的"青龙、白虎砂山"；西北和西南各有为生态系统提供资源流通通道的豁口。同时古龙溪河宛如玉带，呈"S"形穿村而过，形成阴阳鱼的分界线，而河水在下结山嘴折向西流向龙盘山嘴，再复向南经杨干汇入丰乐河，形成"之"字形河道，改直射之水形成了"冠带形"，实现了镇锁水口、留住吉气的格局。

呈坎古村的旅游开发始自 20 世纪 90 年代。2001 年，呈坎当地政府与黄山市徽州呈坎八卦村旅游有限公司签署了旅游开发协议，获取旅游经营权。其后，旅游公司对呈坎村进行了局部改造，修建了永兴湖、仿古建筑群等旅游景观，打造"八卦村"和"游呈坎一生无坎"的地方品牌旅游形象。2006 年，旅游公司开始

---

① 笔者与研究团队于 2019 年考察统计。

异地修建呈坎村水口园林，而呈坎乡村旅游也进入快速发展阶段。近年来，在《探秘呈坎八卦村》《偶像来了》等综艺节目的传播影响下，呈坎村旅游发展得到了进一步提升，接待人次和旅游收益整体呈增长态势。呈坎村通过强化旅游基础设施建设、优化周边生态环境、引入其他产业形态合作、增加和完善商业经营体系等方式，大力推动了可持续乡村旅游发展，拓展了旅游经济发展渠道，促进了旅游经济增长。呈坎村旅游开发模式属于企业开发型，也是仍有原住民生活居住的封闭管控型景区。多数原住民以劳务和林茶种植为生计，部分村民以提供旅游餐饮和食宿等方式来参与旅游开发，当通过永兴湖进入呈坎原住民的民居建筑群，通常可见到许多当地中老年村民主动询问是否需要旅游向导服务。

呈坎村五街大体平行，众川河延展呈南北走向，小巷与大街垂直呈东西走向，而街巷全部由花岗条石铺筑，两侧民宅鳞次栉比、纵横相接、排列有序、青墙黛瓦、高低错落。在乡村旅游发展中，呈坎村的主要景点景观包括罗东舒祠、长春社、隆兴桥、钟英楼、燕翼堂以及人工开发建造的易经馆、永兴湖和景区广场。其中，罗东舒祠全称贞靖罗东舒先生祠，始建于明万历三十九年，坐西朝东面河，规模宏大，气势雄伟，共四进四院，北侧为厨房杂院，南侧为并置的女祠，后寝宝纶阁用于珍藏历代皇帝赐予呈坎罗氏的诰命、诏书等恩旨纶音。罗东舒祠内现存历代匾额26幅，享堂正梁悬有明太守董其昌书"彝纶攸叙"的长6.5米、高2.5米的巨幅匾额，后寝楼槽悬有明孝子吴士鸿书"宝纶阁"的匾额。南廊庑也汇集了从村中收集来的20多幅匾额，其中以元代"大司成"、明代宋濂书"文献"、清代曹振镛书"进士"、林则徐书"累世簪缨"和"观察河东"较为珍贵。其中"累世簪缨"指呈坎罗氏历代为官者众，"观察河东"是林则徐为巡河南开归陈许等处监理河务兵备道加三级罗绥立，以表彰其在处理黄河事物中的突出贡献（见图5-2）。"耆年博学"匾额（见图5-3）是云南曲靖府推官高晫于1670年为后罗25世祖罗郎立的，匾长2.25米、宽0.85米，指罗郎学问高深、博古通今。

长春社则是古代地方社坛残存的实物，位于呈坎村南，与村北的罗氏宗祠南北呼应，体现了礼制"左祖右社"的规划布局模式。呈坎的长春社始建于宋朝，在明嘉靖年间重修，后寝为清乾隆年间改建，包括社屋坦、门厅、两庑廊、正堂、后寝及前后两天井为三进平面格局。隆兴桥位于呈坎村南水口，是于明建清修的单孔石桥，南北端筑石阶上桥面，桥两侧置石栏板，是皖南最大的单孔石拱桥。钟英楼位于钟英街与前后街交叉之要道路口，是呈坎村之中心点，始建于明

图 5-2　林则徐书"累世簪缨"与"观察河东"匾额

图 5-3　"进士"与"耆年博学"匾额

资料来源：笔者于 2023 年在安徽省呈坎村拍摄。

万历十一年，平面呈方形，墙脚紧靠街沿，可架梯上楼，原专属户部侍郎罗应鹤府，后为村内百姓打更、报时、纳凉之用。而燕冀堂位于呈坎村中部，坐西向东，门内设廊，12 组斗拱承檐枋，前进三间为厅，楼梯设在两廊内，朝北面开门，后进照壁后开门通巷。2001 年，长春社、隆兴桥、钟英楼随呈坎村古建筑群被国务院列为全国第五批重点文物保护单位，而罗东舒祠、水口园林、易经博物馆都是呈坎村较具代表性的乡村旅游景观。

呈坎是古徽州千年文化古村，宋代理学家朱熹赞呈坎村为"呈坎双贤里，江南第一村"。呈坎集古村生活、宗祠文化、徽商文化等元素于一体，通过旅游发展浓缩地再现着古徽州文化。概括来说，呈坎村的风水文化既是其旅游发展中空间联动利用的典型，也是乡村旅游地方品牌建构的代表，同时也越发存在奇观化属性特色。

5.2　呈坎村景观管理的原则与目标、要素与主体

呈坎古村有着人与环境长期共存的复杂性地域景观和理想的人居生态系统模式，其聚落空间格局和人居模式、建筑形态等方面都蕴含着生态学内涵，景观层次结构既受约于当地的山体、植被、水域等自然地理条件，也应和着风俗、风水、经济等人文条件。首先在自然地理条件上，呈坎村四周的山体将村落围合，形成封闭的人居生态系统，西部的主峰山体高大，坡度也较大，是村落人居环境安全的背靠之地，能够阻挡冬季的西北寒风。而村落的案山距居住区较远，与主峰共同形成围合之势，同时又因山体相对较小而形成开阔的视野，也使村落能够得到充足的阳光照射。案山再东侧为朝山，山体大小介于主峰和案山之间，是呈坎村落最外围的屏障。呈坎村落北部和南部皆为对村落有一定庇护作用的次峰，风水学称之为青龙、白虎砂山。

借助地形地貌衬托，呈坎乡村景观整体以"山—林—建筑—水—林"为空间组合模式，在水平和垂直结构上呈现丰富的空间层次变化，以居住区民居建筑为核心，各类景观要素由内向外呈同心圆状分布。村落自然景观以林地为基质，以草地、耕地、建设用地和水域为斑块，沿河流形成南北向景观廊道。村落内有着密集连接的水网，是乡村原住民生活和生产灌溉用水的来源。呈坎村水域斑块虽然普遍面积较小，但是数量最多，除了贯穿村落的河流外，还有许多小型湖泊池塘广泛分布在村落中。自然地理上的景观分布也为呈坎村落生态系统的可持续

发展提供了可能。一是村落西侧山体能够带来充沛雨水、东侧能够接受充足的阳光；二是林地和耕地能为呈坎原住民的生产生活提供物质资源；三是河流水网是村民的饮用水源和灌溉水源，整体上使呈坎村形成良好的生态循环。同时，呈坎乡村景观的空间组合模式也使其农林牧副渔的大农业多种经营形式具备了良好的资源流通条件。图5-4展现了呈坎村的乡村景观。

图5-4　呈坎村乡村景观

资料来源：笔者于2023年在安徽省呈坎村拍摄。

呈坎村可持续旅游的景观管理原则首先体现在以自然生态系统存续和谐为基础。从生态空间来看，呈坎景观格局主要包括林地、耕地、建设用地、水域、草地五种景观类型。自南向北的川河形成了密集水网，为呈坎村提供了生活和生产灌溉用水。村落基址东侧的大面积耕地是呈坎乡村原住民的农业生产空间。耕地东侧山体较小、坡度较低，在为村落保证充足日光照射和开阔视野的同时，整体山脉也为村落形成了植被茂盛的外围屏障，具有避免水土流失和调节聚落小气候等作用。在自然生态系统的存续和谐基础上，呈坎的村落景观总体由西向东呈现出"山—林—屋—水—林—山"的组合模式，借助自然地形地貌获得了丰富的空间层次变化，民居空间位于景观布局的核心位置，而海拔、川河、日光等要素的组合使村落内部能够形成农林牧副渔的综合农业生产模式，并由此衍生出乡村旅游产业发展，保障了人文生态系统的传承和谐与社会经济系统的发展和谐。

在呈坎村可持续旅游的景观管理要素交互与流动中，风水文化要素的特色在其自然地理维度、社会发展维度、感知美学维度都有着突出体现，在其乡村人文资源里占据重要位置，以风水文化为特色的民居建筑和引申的生活生产习俗都是呈坎村可持续旅游发展的重要元素。而风水文化是"人"的文化，呈坎乡村原住民在其可持续旅游发展中也毋庸置疑地扮演着重要角色，如风水文化本真性下的地方品牌建构所需要的地方性知识、地方依赖、地方认同等，都"浸泡"于呈坎乡村原住民的日常生产生活之中。

5.3 呈坎村景观管理的路径与模式解析

（1）地方品牌管理

乡村旅游活动的重要动机是现代性背景下对文化本真性的追寻，是有关与城市化和现代化中的商业气息背道而驰的文化体验（DeLyser，1999），与现代化生活环境的无地方性形成鲜明对比（Berger，1973），强调从主体自身出发的"真实自我"状态（Waitt，2000），因此需要一种未被现代力量异化的地方本真（MacCannell，1973），通过乡村性和地方性文化体验解决有关"乡愁"的精神情感需求。对比乌镇、宏村等世界闻名的乡村旅游目的地，呈坎村的非商业化更能衬托其地方本真，凸显其乡村景观的乡村性与地方性，因此被很多游客选择为乡村旅游目的地。

在地方品牌管理上，呈坎村的风水文化在其乡村人文资源里占据重要位置，以风水文化为特色的民居建筑和引申的生活生产习俗都是呈坎旅游开发的重要元素，这种地方本真正是呈坎村可持续旅游的地方品牌建构核心。以风水理论为核心的文化本真性联系着呈坎当地的地方依赖与地方认同。例如，在呈坎村旧时汉族宅院外或街衢巷口建筑的小石碑上，或在丁字路口等路冲处被称为凶位的墙上，常可见到"泰山石敢当"的刻字，还常有狮首、虎首等浅浮雕，这是源于汉族民间驱邪、禳解的习俗，从内涵上体现的则是"保平安，驱妖邪"，形成了涉及呈坎原住民生产生活平安顺遂的物质性和精神性的地方依赖。以风水理论为核心的"石敢当"碑刻等习俗体现在呈坎乡村景观的普遍性上，形成了呈坎村的一种地方认同，进而激活了呈坎村的地方依恋，并构成或完善了关于呈坎村的地理想象。

在景观规划上，风水文化要素与呈坎原住民的生产生活紧密相关，密切联系着呈坎的地方性知识。例如，根据八卦风水学原理，圆形或弧形的墙壁之间的冲煞最小，因此呈坎村很多小巷的墙壁都建造出了弧形。呈坎村的另一著名景观——水口园林，也是呈坎村风水文化景观的典型。水口园林在人文生态系统上原本也是呈坎村的生活空间，在可持续乡村旅游发展中，经商品化与全球化的外力驱动，水口园林作为旅游符号在去地方化中激发了呈坎村旅游开发的文化再生产，也导致水口园林自身成为被移址和翻修的旅游景观，形成水口园林的再地方化。

在景观保护上，呈坎村的环秀桥上"环秀桥"三字如今已字迹模糊，但到呈坎的游客几乎都会去环秀桥走一走。环秀桥建于元朝，是彼时古村落中的人们从休宁通向歙县和许村的交通要道之一，至今已有七百多年历史（见图5-5和图5-6）。以呈坎村保留着历史文化古迹的著名景观罗东舒祠为例，虽然罗东舒祠对老年和中年的呈坎原住民而言饱含对往昔生活的追忆，但对于20世纪90年代及之后出生的年轻呈坎原住民而言，有关罗东舒祠的地方性文化体验则相对凋零。这也意味着可持续乡村旅游发展必然是追随着社会经济和科学技术发展的时代步伐，要适应全球化的大背景，表征地方本真的旅游景观在时代前行中难以避免客观的时间性演变，去地方化的趋势也是一种必然，因此可持续乡村旅游的景观保护必须考虑去地方化和再地方化循环的因素。

图5-5　呈坎村环秀桥

资料来源：笔者于2023年在安徽省呈坎村拍摄。

图 5-6 呈坎村环秀桥的景观保护

资料来源：笔者于 2023 年在安徽省呈坎村拍摄。

地方本真通常与历史形成关联，具有一定的不可复制性。例如，呈坎村罗东舒祠宝纶阁中的石柱在黄山其他村落中几乎难以见到，因此除了吸引外省市游客外，也吸引了一部分黄山本地游客前来。呈坎村的宝纶阁是安徽省迄今保留明代彩画及祠堂最完整的一组家庙建筑，是罗东舒祠整组家庙建筑中用料最细、没有任何雕琢和装饰、年代最晚的组成部分。明万历年间（1573～1620 年），呈坎村的罗应鹤曾任御史、大理寺丞、保定巡抚等职，因政绩显著，常得皇帝御赐，罗氏为尊供圣旨和收藏御赐珍品，特修此阁，取名宝纶。宝纶阁由三个三开间构成，加上两头的楼梯间共得十一开间，由吴士鸿手书的"宝纶阁"匾额高挂楼檐，天井与楼宇间由黟县青石板栏杆相隔，三道台阶扶栏的望柱头上均饰以浮雕石狮，台阶上十根面向内凹成弧形的石柱屹立前沿，几十根圆柱拱立其后，架起纵横交错的月梁，梁柱之间的盘斗云朵雕、镂空的梁头替木和童柱、荷花托木雕，登上三十级木台阶，可见楼上排列整齐的圆木柱，也可远眺黄山天都、莲花两峰烟云，这也是呈坎村建筑观景的最高点。诸如宝纶阁等在历史演进传承中保留下的乡村景观，更需在可持续乡村旅游的发展中加强景观保护，以保护为前提来进行旅游开发。

（2）空间体系管理

在呈坎村景观管理的空间体系上，呈坎村生态空间层面的自然景观，以及生活空间层面的建筑风貌、社区生活、节庆展演和生产空间层面的劳作场景等，都传承着地方文化传统与集体记忆、饱含着乡愁文化元素，彼此联结并衍生了呈坎村旅游空间。以罗东舒祠为例，对呈坎村中老龄原住民来说，罗东舒祠既是族人议事或举行庆典的地方，也是纪念先人的祠堂；对20世纪七八十年代出生的青中年原住民而言，罗东舒祠意味着儿时的学堂，承载着少年时期的回忆，暗含着对往昔的追忆。从空间体系管理来说，罗东舒祠既是呈坎原住民的生活空间，也是旅游产业化下典型的旅游空间，有助于人们体验呈坎宗族文化传统。

在景观规划上，呈坎村的旅游设施多分布在景区入口处及民居建筑附近，在一定程度上减弱了呈坎村旅游空间的商业化氛围。呈坎村的著名景观之一水口园林在当地人文生态系统上原本也是其乡村原住民的生活空间。水口园林即指水流入口或出口之地，水流在风水学说里影响着地方的气场，水也被视为财源，聚水暗示着聚财的美意。在呈坎旅游开发后，水口园林成为旅游文化消费元素，后来在经历去地方化和再地方化的过程中发生了移址和翻修，水口园林所承载的乡村原住民的生活内涵与旅游活动的边界开始模糊甚至消失。而旅游开发方在呈坎村下屋所建的易经八卦博物馆则是完全因旅游产业新建的景观，也是将呈坎生产空间与生活空间中的文化资本（即风水文化）以打造旅游景观的形式衍生出旅游空间的实践，凸显了呈坎的风水文化特色，向游客展现了呈坎的风水理论。

在景观保护上，从乡村生态、生产、生活空间与旅游空间的联动来看，能够凸显地方本真的乡村意象包括稻田、炊烟、林草、水域、土特产和原住民的生产生活行为等。呈坎村鲜明的地方本真和"三生"空间联动共同维护了其乡村旅游的非商业化现状（至少商业化气息不是非常浓烈），让游客可以在行走、观赏、拍照等具身实践中形成本真性体验。很多游客普遍认为如乌镇和宏村等世界知名的乡村旅游地商业化过于浓重，遍布着吵吵闹闹的酒吧，充斥着与乡村当地没有太大联系的小商品售卖店铺等，形成一种"不伦不类"的文化氛围。而呈坎村则被很多游客指出"商业化气息比较弱，有很多原始的文化元素"特征，能够为游客提供一种远离城市化和现代化的"慢生活"体验（见图5-7）。此外，相关研究显示，相较罗东舒祠，呈坎的水口园林和易经博物馆都令游客形成有关地方风水文化的记忆，对当地原住民而言则没有显著影响（孔翔、卓方勇，2017）。这也表明乡村"三生"空间与旅游空间的联动在可持续乡村旅游中有着重要作用，可持续乡村旅游的景观保护必须注重从乡村生活空间和生产空间的地方本真入手。图5-8展现了呈坎村川河水域景观。

图 5-7 呈坎村商业化程度较低的民居建筑群

资料来源：笔者于 2023 年在安徽省呈坎村拍摄。

图 5-8 呈坎村川河水域景观

资料来源：笔者于 2023 年在安徽省呈坎村拍摄。

（3）景观属性管理

除了极具代表性的罗东舒祠、水口园林和易经八卦博物馆外，"晒秋"展示、"绣球"表演，宅院、天井、马头墙等民居构造，粉墙黛瓦的建筑色彩，许国石坊、牌坊、古亭等特色建筑，都是由呈坎的生态空间、生产空间、生活空间与旅游空间的重构而联动发展出的旅游景观，理应是呈坎村地方本真的载体，以地方性文化激活着关于呈坎的集体记忆，从而将集体记忆化为乡愁元素，通过去地方化与再地方化的循环，在风景与奇观双重属性的发展中，成为乡村旅游的巨大吸引物。

从景观规划来看，旅游活动的经济属性不可避免地使呈坎村的景观规划出现商品化的迹象。例如，"晒秋"是皖南地区普遍的生产生活景象，也是呈坎村延续了数百年的一种生产生活景观。因自然地理条件上气候潮湿的缘故，乡村原住民为更好地保存农作物，会在每年9~11月的晴好天气里，将收获的农作物晾晒在乡村中的晒场里，或晾晒在房前屋后的晒架上。而从旅游话语来说，"晒秋"是生产空间与生活空间和旅游空间联动下诞生的奇观，换言之，是呈坎村的生产生活空间在延伸出旅游空间的时候衍生出了生产生活景观的奇观属性。以水口园林为例，原始的已遭破坏的水口景观本位于呈坎古村的东南侧，但在旅游产业驱动下，呈坎村活化利用水口园林这一地方化文化特色，2007年，经投资新建的南水口修复工程将水口园林移位至古村落的西南侧，即紧邻呈坎旅游核心景区的位置，同时也又增添了许多风水文化符号，这不仅形成一种迎合旅游开发与现代文化的旅游景观再地方化，同时也是传统文化景观在资本规训下的奇观属性的显现。

从景观保护来看，针对可持续乡村旅游的经济活动属性，需要在乡村景观的逆商品化上倾注力量。呈坎村的"晒秋"和易经八卦博物馆其实都是对呈坎乡村生活印迹的偏离，是旅游经济目的下的景观制造，前者是以民俗打造为手段，后者是以去地方化的现代文化模式对地方本真的标本性呈现。虽然两者都对可持续乡村旅游发展有着积极作用，但相对缺少了景观真实，在景观管理的多元主体角度上，并不是同时能够激活乡村旅游内外部主体地方认同的最佳方式。此外，呈坎村也有着对大部分游客而言没有使用效用的仿古建筑重塑（见图5-9），以及千篇一律的现代化旅游商铺和商品，并且能够在这些千篇一律的商铺中买到千篇一律的旅行纪念品或"特产"，甚至可以轻而易举地在呈坎村买到其他乡村旅游地的旅游纪念品，如同属古徽州文化的西递、宏村、南屏等地的明信片或冰箱贴等。于是，那些蕴含着乡村文化本真性的景观通过仿古建筑重建或媒体化的旅游产品生产等形式，被简单的复制，成为供游客凝视和消费的奇观，而其真实价值便在奇观化的过程中逐渐被忽视或无视，极容易导致在可持续乡村旅游发展中对真正蕴藏地方本真的乡村景观保护失准。

图 5-9　没有实际用途的地方性风水文化建筑重塑

资料来源：笔者于 2023 年在安徽省呈坎村拍摄。

虽然呈坎村相较其他知名乡村旅游地而言属于商业化痕迹较弱、生活印迹较浓厚的村落，但是其可持续乡村旅游发展的景观管理也不可避免地牵涉到"景观制造"问题。呈坎村永兴湖及景区广场的仿古建筑、"晒秋"等农事活动景观都是旅游企业重点开发的展演项目（见图 5-10~图 5-13）。此类人工建造的景观只是将"地方本真"舞台化地展示，虽然并不真正具备历史意蕴，但是是很多游客拍照摄影的对象。当然游客的旅游行为是具有主观能动性的，并非所有游客都会完全接受旅游企业的"景观制造"。而当地原住民也会认为诸如"晒秋"等景观是"有点假"的，因为呈坎村有大片平地，不似江西篁岭需要将食物放在簸箕上架起来晾晒，并且原住民认为生产生活中晒的东西是自己吃和喂牲畜的，因此不会向旅游企业制造的晒秋景观那样"好看"。乡村原住民对部分舞台化景观的"不认可"可能会在与游客交流互动间接影响到游客的本真性体验。但也有学者认为，乡村景观在文化意义上的"传统"是根据社会和环境的动态发展而建构的，并且游客在乡村旅游过程中对景观的赏略线索是满足自身的主体想象，根据自身视角的心理需求，对乡村性和地方性充满了理论性的想象，因此当乡村景观与主体"想象"中的一致时便更会产生本真性体验。

图 5-10　呈坎村永兴湖

资料来源：笔者于 2023 年在安徽省呈坎村拍摄。

图 5-11　呈坎村农事景观

资料来源：笔者于 2023 年在安徽省呈坎村拍摄。

图 5-12 呈坎村长年悬挂的灯笼和彩旗

资料来源：笔者于 2023 年在安徽省呈坎村拍摄。

图 5-13 呈坎村"晒秋"活动

资料来源：笔者于 2023 年在安徽省呈坎村拍摄。

此外，在旅游凝视中，有些游客也会以静态的或局部的视角定义乡村景观的文化本真性，例如，认为只要是没有开发的、原生态的"原始"村落就是具有地方本真的乡村景观，这种逻辑可能会有传统与现代二元对立之嫌，并且旅游活动本身具有天然的经济属性，乡村旅游的旅游体验中也必然涉及公共服务要素，因此"不能商业化""不能有现代技术"的乡村景观保护模式并非是可持续乡村旅游的关键所在。根据现实需要对村落传统建筑等景观进行修缮是具有客观必要性的。例如，呈坎村的民居建筑大多源自明清时期，已有几百年的历史，而古代建筑的木质用材很难在数百年间毫无损耗地保持原貌，运用现代技术进行景观保护与修缮并不一定与维持"地方本真"形成对立。

5.4　呈坎村景观管理的支撑与要点探讨

被誉为"江南第一村"的呈坎村作为典型的乡村旅游地，虽然在资金、人才、技术等多元要素的交互与流动上保持着持续前进的步伐，呈现探索科技创新化发展的开放姿态，但是尚未形成规模化和系统化的外部科技创新力量支撑。而在内部支撑力量上，呈坎村在拥有强大文化本真性支撑的同时，也随旅游经济的火热发展而出现需要引起警惕的问题。

已有相关研究表明，呈坎游客的视觉表征容易存在强观光、弱文化的特点（袁超等，2022）。呈坎古村内以景区广场、平安坎、永兴湖为核心的团聚状分布区域具有较大吸引力，成为游客拍照打卡胜地，是呈坎村旅游发展的重要感知形象和视觉表征。但其中密集分布的水景和建筑群却主要都是旅游开发重建或新建的景观，是旅游产业为迎合市场需求中对水口文化、徽派建筑和皖南文化的地方想象而进行的"景观制造"，在承载呈坎村历史文脉上并不理想。而有学者指出，这些不具备地方本真内核的景观之所以会成为游客拍照打卡的热点区域，是出于游客视觉表征循环圈的缘故（刘丹萍，2007）。这种研究结果表明游客对呈坎古村的地方本真的关注尚浅，进而也表明呈坎村朝向诗意栖居化本质回归的可持续乡村旅游景观管理尚未达到最佳状态，乡村当地更具备地方本真的景观尚未成为最佳旅游吸引物，其地方本真尚被其他休闲娱乐功能的旅游景观所掩盖、尚未发挥出最佳力量。

再以水口园林为例，游客普遍将重建后的水口园林视为呈坎古村风水文化的符号，但在呈坎村原住民眼中，如今的这水口园林却充满着旅游开发的痕迹，因为对呈坎原住民而言，水口是祖先的遗产，甚至村民饮水也是来自水口永兴泉里的井水，然而新建的水口园林在位置上失去了这一生活功能，并且原本水口周围的树木、石柱、石桌也都不复当初了。可见，再地方化的乡村旅游景观是旅游产业发展的必要的符号表征，但如果其中承载的集体记忆薄弱，文化本真性力量的欠缺就容易使其奇观属性覆盖过风景属性，未必有益于其可持续乡村旅游的发展。

那么，依靠不足以凸显地方本真的景观（如部分后造景观）来增强旅游吸引力，是完全不可取的吗？答案显然是否定的，或者说是需要日后继续通过考察研究来进一步讨论的。一来部分传统村落景观中的集体记忆与历史故事（如部分祠堂、牌坊和部分风水文化）是稍显沉重的，二来乡村传统民居建筑和公共设施可能难以满足外来游客的现代化使用需求。乡村旅游的可持续发展并非要彻底摒弃非历史的一切"景观制造"，而是需要平衡"景观制造"与地方本真性景观的关系，将舞台化的乡村景观控制在恰当的程度之内，避免遮盖或湮灭乡村旅游地古朴的文化本真性和景观中内蕴的传统中国智慧。

6　结论与展望

6.1　主要结论

  乡村旅游是指在乡村地域系统范围内的旅游活动。在现代化大潮和城市化热浪下，以乡村为背景的生态、自然、复古的旅游形式契合了都市居民释放多重压力的休闲需求，旅游场域的形成也使乡村的土地利用趋向多元化和复合化、使乡村住民的生计方式得到优化和转型。但当下的中国乡村旅游也需要打破"千村一面"的困局、避免乡村旅游"空心无魂"的歧路，实现以旅游发展来促进乡村地域系统的可持续发展。本书基于对中国乡村旅游的当下困境与突围方向的问题意识梳理，通过从地方、空间、景观三个概念维度的具体分析，将三个范畴汇聚于景观管理这一研究平台和实践工具，建构了可持续乡村旅游的景观管理理论模型。

  可持续发展概念涉及众多领域，关乎生态、社会、经济、文化等发展，当下时代的乡村旅游理论研究与实践，都内在地以可持续发展为核心指向。即使中国的乡村旅游已经在宏观政策支持和引导下迈入"黄金发展期"，但诸多普遍性的矛盾冲突仍然构成了乡村旅游发展的困境或瓶颈。当下我国的乡村旅游发展现实存在着地方、空间、景观上的异化，具体表现为空间的挤占或掏空、地方性的磨损和重置、景观的同质化等。乡村旅游要从困境中突围，需要以可持续乡村旅游为范式，在地方、空间、景观三个维度上寻找人与自然的平衡、寻找文化本真性与旅游商业性的制衡，朝向"诗意地栖居"的本质回归，注重保持旅游产业化与乡村逆商品化的平衡，以可持续乡村旅游推动乡村振兴。

在乡村旅游语境下，地方、空间、景观三位一体的概念结构对应着乡村旅游可持续发展的空间尺度性问题、主体性问题、时间性问题，并且这三个概念维度彼此关联，空间是激活地方的实践、地方是景观的物质实体与意义体系、景观是抽象化的地方和具体化的空间。地方、空间、景观可以作为分析可持续乡村旅游的三个概念维度，地方维度是关于在寻找中维护和建设的地方本真，空间维度是关于在资本流通中追求空间正义，景观维度是关于在视觉表征中联动空间与地方。三个理论维度在可持续乡村旅游上的实践，是以地方品牌建构来为地方本真注入活力，以空间解构与重构来实现空间活化，以景观属性制衡来协调文化与资本的冲突。

可持续乡村旅游的地方品牌管理是在去地方化与再地方化的循环中进行乡村地方本真资源的可持续利用。基于地方概念，可持续乡村旅游的地方品牌构建机理是在以地方本真为核心的基础上，通过以地方性知识、地方依赖、地方认同的多轮驱动，形成基于地理想象与地方依恋的构建机制，进而形成乡村旅游地方品牌的文化消费、去地方化、文化再生产、再地方化的路径循环。

在旅游场域下的乡村空间生产过程中，乡村原住民的日常生产生活空间的地方本真逐渐被磨损，导致乡村旅游的展示意义超出了其原本承载的社会生活和文化传承内涵。可持续乡村旅游的空间体系管理体现在主体利益博弈与文化资本的双轮驱动下的空间活化上，具体来说，当代的乡村旅游在双轮驱动下解构为地理空间和信息空间的二元空间结构，以及生态、生产、生活空间与旅游空间的四层空间网络，通过各子空间彼此交融联动，实现可持续乡村旅游在追求空间正义中的空间活化。

可持续乡村旅游的景观属性管理是在旅游凝视作用下风景和奇观双重属性与其双重导向的辩证。在乡村旅游中，旅游凝视的方式与方向是多元且双向的，并且存在着旅游凝视的循环，即想象、印证、嵌入，分别对应着旅游前阶段的凝视感知、旅游中的凝视认知、旅游后的凝视记忆。在旅游凝视循环下，乡村是具有风景与奇观双重属性的存在，而双重属性的导向使可持续乡村旅游需要注重生活印迹和消费痕迹的制衡，以便去协调地方本真意义上的文化要素与空间正义中的资本要素之间的矛盾冲突。

地方、空间、景观三个理论维度可以汇聚到景观管理这一研究平台和实践工具上。可持续乡村旅游的景观管理理论模型以自然生态系统的存续和谐、人文生态系统的传承和谐、社会经济系统的发展和谐为原则，以可持续性的去地方化与再地方化循环、平等性的他者文化交流、平衡性的风景与奇观意义导向为目标，以多元要素的交互、流动和多元主体的参与为过程，以空间体系管理、地方品牌管理、景观属性管理为三条路径，以乡村景观规划和乡村景观保护为两种模式，以科技创新和文化本真性为内外部的双重支撑。这一理论模型建构于中国乡村旅游的普遍性问题之上，其目的或作用是为乡村旅游领域未来的学术科研拓宽理论思路，为相关部门或地方政府在乡村旅游的发展和管理上提供实践思路和决策依据，使乡村旅游的发展与管理能够先得到该理论模型的推演分析，再以此为基础去因地制宜地进行"一地一议"的探讨。

6.2　启示与建议

（1）挖掘地方本真、遵循地方本真

其一，要根据多轮驱动因素挖掘并管理乡村旅游资源。从可持续乡村旅游的地方品牌建构机理与机制来看，在开发乡村旅游资源和制定乡村旅游发展规划时，首先要充分挖掘乡村地方本真这一核心要素，突出某一乡村旅游地区别于其他乡村地域的独特性与特定优势，并且要充分利用乡村旅游地的地方性知识、地方依赖和地方认同的多轮驱动机理，协调乡村原住民与旅游开发的关系，加强原住民对乡村旅游发展的认可和参与程度，利用地方概念的每个尺度在乡村旅游中的作用，雕琢可持续乡村旅游的地理想象、发挥可持续乡村旅游中地方依恋的力量。

其二，要避免在去地方化的过程中丢失地方本真。根据怀特海的过程和变化哲学，可持续乡村旅游的地方品牌建构需要在变化中保持秩序、在秩序中实现变化。现代性的作用使地方的边界面临消亡的危险，在外部的全球化趋势之下，随着地方与地方间的边界被不断打破，乡村旅游的他者文化的流动变得更加自由，但同时，也有可能导致他者文化特质模糊化，甚至同质化，因此在可持续乡村旅游的去地方化过程中，必须重视乡村文化生态的保护。虽然去地方化现象并不一定会抹杀乡村旅游地的地方本真，但是需针对去地方化趋势，引起对乡村旅游地的文化遗产保护意识，避免可持续乡村旅游开发中的文化本真性流失，规避乡村旅游中景观的同质化和乡村文化的过度商品化，并合理地利用去地方化来优化可持续乡村旅游的文化消费和文化再生产，如使乡村旅游接待设施标准化，以提高游客的旅游体验等。

其三，要避免在再地方化的过程中偏离"诗意地栖居"的意义。从乡村旅游的再地方化来说，可持续乡村旅游的地方品牌建构需要以"诗意地栖居"意义为立足点，优化乡村旅游地的生态环境，在传承乡村的农耕生产景观的基础上加入现代化革新、完善基础设施建设，使"栖居"意义的再地方化自动成为旅游吸引物，而不是为旅游经济而打造"栖居"意义的空壳假象。此外，在再地方化的过程中涉及各种媒介上的科技创新力量，可以通过新媒介与新技术，重塑或深化有关乡村旅游地的地理想象，充分地认识、延续地更新和利用乡村地方本真，促进乡村景观的文化本真性向旅游场域的消费产品转换，为乡村注入新生命机能，令乡村开启新生命周期，推动乡村旅游产业与乡村地域系统的可持续发展相辅相成。

（2）加强社区协调、深化空间联动

其一，要注重文化资本实践下的本真性保护。旅游业的开发伴随着大量游客的涌入，导致乡村旅游地的商业化进程不仅与乡村当地生态环境承载力存在一定的冲突，还充斥着文化资本竞争，容易出现乡村的空心化现象，造成文化本真性的流失，或出现新文化甚至伪民俗的再造，或引起地方性与再地方性的冲突。乡村旅游地的地方本真并不等同于"旧""残""败"的景观特征，其核心是在于"人"的主体。因此在可持续乡村旅游发展中，需要避免对"三生"空间的压缩或压迫。一方面，在旅游规划设计中，需要充分并深入挖掘乡村当地的文化特色，在旅游文化产品中植入乡村地方本真，使文化本真性资源成为可持续乡村旅游发展的主要策略方向。另一方面，也需要控制乡村旅游空间的商业化程度，避免乡村自然生态丰富性的泯灭，避免乡村社会生活多样性的瓦解，在生态文明建设的大背景下，化解被商品化的乡村旅游空间与原住民日常生产生活空间的对立。

其二，要加强利益主体博弈下的乡村社区协调。乡村既是当地原住民的生活场域，也是外来游客参与和体验的旅游场域，多元利益主体间的利益分配容易导致乡村旅游空间在资本竞争和关系错位下失去控制，因此需要注重政府主导、市场导向、原住民利益诉求等主体性因素，加强协调可持续乡村旅游发展中利益相关者的收益分配平衡。一方面，要避免对乡村原住民掠夺式或边缘化的旅游开发模式，通过对乡村原住民在经济、社会、政治、文化等方面的"赋权"和生态补偿等政策，保障乡村生活空间与生产空间发展的可持续性，保护原住民的文化认同感和集体记忆，使乡村能够形成和谐的文化传承机制。另一方面，也要通过"限权"等措施来严格保育乡村的生态空间、确保利益相关者的利益均衡、维护旅游市场秩序，如严格控制生态空间的农业生产利用范围、恰当限制住宅与旅游食宿建筑的开发建设、合理规划乡村旅游地的交通运输路线等。

其三，要深化"三生"空间与旅游空间的联动。旅游空间经济活动的产业多样性和资源垄断性使乡村旅游经营体存在"极化"的区位选择倾向和产业融合趋势，进而会导致旅游空间边界的扩张，因此需要适度把握乡村旅游空间与"三生"空间的边界，保证旅游产业发展与乡村地域系统可持续发展的双赢。在严格保护乡村的生态空间、维护乡村原住民生活空间与生产空间的前提下，将原始的农业生产空间向旅游空间延伸，进行乡村生产空间的模块功能升级，以遵循景观生态学为基础进行合理的景观生态规划，保护景观中的历史文脉与乡村景观多样性，建立乡村旅游商业游憩区，可以包括点状游憩与生产空间，如宗祠等历史景点、农耕产品体验馆等；条状游憩与生产空间，如乡村美食街、乡村历史街区等；块状游憩与生产空间，如度假山庄、乡村艺术中心等。

其四，要充分发挥信息空间与地理空间的互动。在当下信息社会，多元利益主体博弈与文化资本实践的驱动作用也需借助外部科技创新手段，依靠技术的"新"助力于乡村景观在文化元素上的"本"与"真"，在乡村旅游空间生产中充分发挥信息空间与物理空间和人本空间的交融作用，将现代化科学技术融入其中。第一，要在科技创新的加持下丰富乡村旅游的景观展示，如以数字虚拟技术多维立体地展示乡村民俗建筑结构。第二，要提升乡村旅游空间的智能化和智慧化水平，打造符合现代化的乡村旅游新业态，如通过大数据平台实现乡村景观的全面信息化、监测生态空间的生物多样性和环境污染情况等。第三，要注重可持续乡村旅游的体验经济和沉浸式空间的发展，依靠地理空间与信息空间的交互作用，通过科技创新手段完善乡村物理空间的基础设施配置，使乡村物理空间在旅游者亲历空间的维度上提升旅游体验的满意度，并注重乡村历史文化场景的复原性生产或适度的人造模拟式景观再生产等。

（3）维护生活印迹、掌控奇观属性

其一，要正确把握可持续乡村旅游的文化本真性。旅游是寻找和体验文化异质性的过程。对乡村而言，其异质性不仅在于具有地域特色的自然地理风貌，也更在于其极具历史底蕴的人文地理风貌，乡土风情中的文化本真性正是乡村旅游的核心所在。如今，乡村原住民的生产生活印迹已经成为一道极具地方本真的风景，是乡村旅游的"风景—奇观"意义导向中的重要内容。乡村生活印迹自身可以成为一处旅游景观，而这种成为旅游景观的过程可以借助奇观化手段，但并不是一味将之奇观化。换言之，为了迎合旅游凝视，一味地迁出原住民、过度地将乡村原住民生活场景作舞美式处理、过度的表演民俗礼仪甚至发明新民俗或伪民俗的做法皆不可取。在现代宜居的发展前景下维护和发展乡村原住民健康的生活文化，才是利用乡村地方本真和保持乡村旅游活力的源头活水，因此可持续乡村旅游开发要把握乡村的地方本真，就需要正确处理乡村原住民的迁留和经济补偿等问题，积极改善原住民的民生民计、生存条件和生活环境等。

其二，要妥善处理乡村旅游发展中的外来文化、商业化和现代化问题。地方本真经常会以符号形式被人们获得，符号消费是乡村旅游必要的组成部分，而乡村的地方传统文化又通常是正负兼容、良莠并蓄的系统，不可过于闭塞，既需要适当接纳外来文化，又需要适当商业化开发，更需要适当现代化建设。既然外来文化、商业化、现代化都是可持续乡村旅游发展不可缺少的过程，那么乡村中的风景与奇观之争也就不可避免。旅游开发设计者经常是离乡多年后的成功人士，他们见过世面，攒足了经济资本、社会资本与文化资本，在"回馈"家乡的同时也无形中携带回外来文化和商业化元素，是乡村奇观化的执行人或代理人之一。可持续乡村旅游对外来文化和商业化的定位必须保持客观、理性，适当的外来文化和商业化可以为乡村旅游提供现代便利条件，促进乡村旅游消费，带动乡村经济发展，但却切忌过多和泛滥，不能客占主位地泯没乡村的地方本真，避免令乡村沦为空洞的消费场所。与外来文化、商业化并存的还有现代化问题。可持续乡村旅游的未来发展需要更加注重乡村内部的现代化程度，这其中的现代化并非是一味地追求全球化和城市化，而是应以现代化宜居为目标，一方面提升乡村原住民的生活质量，使乡村的生活条件更充足完备；另一方面也要提升乡村旅游的基础设施建设，使游客获得更好的旅游体验，从而完善旅游产业的良性发展，创造更高的旅游效益。

其三，要积极维护作为生活印迹的风景，谨慎掌控作为消费场所的奇观。激活乡村地域系统的传统文化并使之得到传承与发扬，这很可能是乡村被开发为旅游景点的初衷之一。但在乡村旅游开发的实践过程中，也就是在乡村成为风景与奇观综合体的过程中，乡村文化系统的开发受到资本和权力运作的影响，很可能使其本真性文化碎片化、隔离化，使初衷与实践之间的目的合理性与形式合理性未能真正吻合。若要既保持乡村文化系统的本真性，又推动乡村地方经济的发展和人民生活水平的提高，乡村的双重属性所指出的双重发展导向可能是一种值得重视的思路：乡村在风景导向下的生活印迹存续需要得到地方政府管理部门及旅游开发商的共同护航，在奇观导向下的消费痕迹控制既需要得到政府管理部门在商业开发方面的规范和引导，也需要乡村旅游的开发及经营方以尊重地方本真和坚持生态文明为观念的改进和发展。

6.3　未来展望

如前文所述，可持续乡村旅游景观管理的理论模型虽然具有一定程度的普适性，但是在具体的乡村旅游发展中需要"一地一议"，可以根据不同乡村旅游地的情况选择一种或多种维度的路径进行探索。因此，本书根据呈坎村旅游发展的情况和特色，将两者作为案例，通过实地考察和二手资料研究，对其可持续乡村旅游进行景观管理解析。

当然，本书也存在不足之处。第一，本书的研究内容是以"地方、空间、景观三位一体"的概念为理论资源、以景观管理为工具，推演可持续乡村旅游发展的方法和路径，建构能适用于普遍情况的乡村旅游景观管理理论模型，以完善和优化我国可持续乡村旅游的研究与实践，而在具体的可持续乡村旅游实践上需要结合各个乡村旅游地自身的自然与人文地理情况来"一地一议"。因此本书期待能够起到抛砖引玉的效果，有待继续深入探索我国各个区域或各种类型的乡村旅游的景观管理实践。第二，本书主要借鉴西方景观管理思想，将其应用到中国可持续乡村旅游发展问题上，力图对乡村旅游实践提供理论支撑，本书立足于理论维度的景观管理模型构建，并未涉及数据采集、统计与分析的定量研究方法，并且理论模型应用到具体实践情景中往往会遇到各种特殊条件限制或影响，需要视具体情况调整管理策略。由于目前在研究时长与人力、资金等方面的条件限制，本书并没有结合定量研究的理论实践反馈，构成本书研究的不足，有待在日后逐渐弥补实证研究方面与实践反馈方面的缺陷。

在未来的可持续乡村旅游景观管理研究与实践上，一方面，可以结合已有的理论研究，针对不同类型的乡村旅游地，选择恰当的研究方法，围绕地方本真、空间活化和景观管理进行定量实证研究，对已建构的普适性理论模型进行应用实践，采集并分析可持续乡村旅游的相关数据，调整或精进景观管理理论模型的实践适用性。另一方面，可以扩大理论与实证研究范围，针对不同发展程度、不同地理区位、不同民族文化背景、不同资源禀赋的各种乡村旅游类型，其可持续乡村旅游的景观管理特殊之处、可持续乡村旅游的景观管理具体类别差异等，在本书的普适性理论模型基础上进一步拓展具体的实践指导意义。此外，可以充实可持续乡村旅游的新业态和新模式研究，针对时代发展与人们旅游休憩模式的多样化，将笼统归纳的乡村旅游活动进行具体拆解，并探索在具体旅游活动类型中的景观管理是否存在特异性，分别讨论在不同类型的乡村旅游活动中是否需要特殊的景观管理策略。

参考文献

［1］ Aaker D A, Joachimsthaler E. Brand Leadership: Building Assets in an Information Economy ［M］. New York: The Free Press, 2000.

［2］ Aaker D A. Strategic Market Management (the 6th Edition) ［M］. New York: John Wiley & Sons Inc. , 2001.

［3］ Adams P C, Hoelscher S, Till K E. Textures of Place: Exploring Humanist Geographies ［M］. Minneapolis: University of Minnesota Press, 2001.

［4］ Adams P C, Warf B. Introduction: Cyberspace and Geographical Space ［J］. Geographical Review, 1997, 87 (2): 139-145.

［5］ Ahmed S. Strange Encounters: Embodied Others in Post - Coloniality ［M］. London: Routledge, 2000.

［6］ Anderson K, Domosh M, Pile S, et al. Handbook of Cultural Geography ［M］. London: SAGE Publications, 2002.

［7］ Bender B. Landscape: Politics and Perspectives ［M］. Providence: Berg, 1993.

［8］ Berger P L. "Sincerity" and "Authenticity" in Modern Society ［J］. The Public Interest, 1973 (31): 81.

［9］ Blunt A. Domicile and Diaspora: Anglo-Indian Women and the Spatial Politics of Home ［M］. Oxford: Blackwell, 2005.

［10］ Bricker K S, Kerstetter D L. Level of Specialization and Place Attachment: An Exploratory Study of Whitewater Recreationists ［J］. Leisure Sciences, 2000, 22 (4): 233-257.

［11］ Bruner E M. Abraham Lincoln as Authentic Reproduction: A Critique of

Postmodernism [J]. American Anthropologist, 1994, 96 (2): 397-415.

[12] Buck R C. Boundary Maintenance Revisited: Tourist Experience in an Old Order Amish Community [J]. Rural Sociology, 1978, 43 (2): 221-234.

[13] Casey E S. Between Geography and Philosophy: What Does it Mean to be in the Place-World? [J]. Annals of the Association of American Geographers, 2001, 91 (4): 683-693.

[14] Castree N, Coe N M, Ward K, et al. Spaces of Work: Global Capitalism and the Geographies of Labour [M]. London: SAGE Publications, 2004.

[15] Cheong S-M, Miller M L. Power and Tourism: A Foucauldian Observation [J]. Annals of Tourism Research, 2000, 27 (2): 371-390.

[16] Ciaian P, Guri F, Rajcaniova M, et al. Land Fragmentation and Production Diversification: A Case Study from Rural Albania [J]. Land Use Policy, 2018 (76): 589-599.

[17] Cloke P. Conceptualizing Rurality [M] // Cloke P, Marsden T, Mooney P. Handbook of Rural Studies. London: SAGE Publications, 2006: 18-29.

[18] Cloke P. The Countryside as Commodity: New Spaces for Rural Leisure [M] // Glyptis S. Leisure and the Environment: Essays in Honour of Professor J. A. Patmore. London: Belhaven Press, 1993: 53-70.

[19] Clout H D. Rural Geography-An Introductory Survey [M]. New York: Pergamon Press, 1972.

[20] Cohen E. Authenticity and Commoditization in Tourism [J]. Annals of Tourism Research, 1988, 15 (3): 371-386.

[21] Cohen E. Rethinking the Sociology of Tourism [J]. Annals of Tourism Research, 1979, 6 (1): 18-35.

[22] Cosgrove D E. John Ruskin and the Geographical Imagination [J]. Geographical Review, 1979, 69 (1): 43-62.

[23] Court S, Wijesuriya G. People-Centred Approaches to the Conservation of Cultural Heritage: Living Heritage [EB/OL]. ICCROM, [2020-04-07]. https://www. iccrom. org/sites/default/files/PCA_ Annexe-2. pdf.

[24] Crompton J L. An Assessment of the Image of Mexico as a Vacation Destination and the Influence of Geographical Location upon That Image [J]. Journal of Travel

Research, 1979, 17 (4): 18-23.

[25] Dasgupta P S. Population, Poverty and the Local Environment [J]. Scientific American, 1995, 272 (2): 40-45.

[26] DeLyser D. Authenticity on the Ground: Engaging the Past in a California Ghost Town [J]. Annals of the Association of American Geographers, 1999, 89 (4): 602-632.

[27] Dredge D. Policy Networks and the Local Organisation of Tourism [J]. Tourism Management, 2006, 27 (2): 269-280.

[28] Esparcia J. Innovation and Networks in Rural Areas. An Analysis from European Innovative Projects [J]. Journal of Rural Studies, 2014 (34): 1-14.

[29] Eyles J. The Geography of Everyday Life [M] // Gregory D, Walford R. Horizons in Human Geography. Horizons in Geography. London: Palgrave, 1989: 102-117.

[30] Foucault M. Power / Knowledge: Selected Interviews and Other Writings, 1972-1977 [M]. New York: Pantheon Books, 1980.

[31] Geertz C. Local Knowledge: Further Essays in Interpretive Anthropology [M]. New York: Basic Books, 1983.

[32] Geertz C. The Interpretation of Cultures: Selected Essays [M]. New York: Basic Books, 1973.

[33] Gilbert D, Hudson S. Tourism Demand Constraints: A Skiing Participation [J]. Annals of Tourism Research, 2000, 27 (4): 906-925.

[34] Golomb J. In Search of Authenticity [M]. London: Routledge, 1995.

[35] Govers R. From Place Marketing to Place Branding and Back [J]. Place Branding and Public Diplomacy, 2011, 7 (4): 227-231.

[36] Halfacree K H. Locality and Social Representation: Space, Discourse and Alternative Definitions of the Rural [J]. Journal of Rural Studies, 1993, 9 (1): 23-37.

[37] Haraway D J. When Species Meet [M]. Minneapolis: University of Minnesota Press, 2008.

[38] Harvey D. Cosmopolitanism and the Geographies of Freedom [M]. New York: Columbia University Press, 2009.

[39] Harvey D. Justice, Nature and the Geography of Difference [M]. Oxford: Wiley-Blackwell, 1996.

［40］ Harvey D. Social Justice and the City ［M］. London：Edward Arnold,1973.

［41］ Harvey D. The Limits to Capital ［M］. Oxford：Basil Blackwell，1982.

［42］ Harvey D. The Marxian Theory of the State ［J］. Antipode，1976，8（2）：80-89.

［43］ Heidegger M. Poetry，Language，Thought ［M］. New York：Harper & Row，1971.

［44］ Hernández J M，Suárez-Vega R，Santana-Jiménez Y. The Inter-relationship between Rural and Mass Tourism：The Case of Catalonia，Spain ［J］. Tourism Management，2016（54）：43-57.

［45］ Hirsch E，O'Hanlon M. The Anthropology of Landscape：Perspectives on Place and Space ［M］. Oxford：Clarendon Press，1995.

［46］ Hoelscher S，Alderman D H. Memory and Place：Geographies of a Critical Relationship ［J］. Social & Cultural Geography，2004，5（3）：347-353.

［47］ Jepson D，Sharpley R. More than Sense of Place? Exploring the Emotional Dimension of Rural Tourism Experiences ［J］. Journal of Sustainable Tourism，2015，23（8/9）：1157-1178.

［48］ Jones M，Stenseke M. The European Landscape Convention：Challenges of Participation ［M］. Dordrecht：Springer，2011.

［49］ Kalandides A. The Problem with Spatial Identity：Revisiting the "Sense of Place" ［J］. Journal of Place Management and Development，2011（4）：28-39.

［50］ Kellerman A. Phases in the Rise of the Information Society ［J］. Info，2000，2（6）：537-541.

［51］ Kim H N. The Economic Valuation of Change in the Quality of Rural Tourism Resources：Choice Experiment Approaches ［J］. Sustainability，2018，10（4）：1-17.

［52］ Korpela K M. Place-identity as a Product of Environmental Self-regulation ［J］. Journal of Environmental Psychology，1989，9（3）：241-256.

［53］ Krupat E. A Place for Place Identity ［J］. Journal of Environmental Psychology，1983，3（4）：343-344.

［54］ Lacan J. The Four Fundamental Concepts of Psychoanalysis ［M］. London：Routledge，1977.

［55］ Lane B. What is Rural Tourism? ［J］. Journal of Sustainable Tourism，

1994，2（1）：7-21.

［56］ Lee J, Abbottt R. Physical Activity and Rural Young People's Sense of Place ［J］. Children's Geographies, 2009, 7（2）: 191-208.

［57］ Lefebvre H. The Production of Space ［M］. Oxford: Blackwell, 1991.

［58］ Lewicka M. Place Attachment, Place Identity, and Place Memory: Restoring the Forgotten City Past ［J］. Journal of Environmental Psychology, 2008, 28（3）: 209-231.

［59］ Liu X, Zhang S, Ji M. Mobility Dilemmas: Conflict Analysis of Road Constructions in a Tibetan Tourism Community in China ［J］. Journal of Sustainable Tourism, 2020, 28（2）: 284-304.

［60］ Liu Y, Zang Y, Yang Y. China's Rural Revitalization and Development: Theory, Technology and Management ［J］. Journal of Geographical Sciences, 2020, 30（12）: 1923-1942.

［61］ Long H L, Tu S S, Ge D Z, et al. The Allocation and Management of Critical Resources in Rural China under Restructuring: Problems and Prospects ［J］. Journal of Rural Studies, 2016（47）: 392-412.

［62］ Lörzing H. The Nature of Landscape: A Personal Quest ［M］. Rotterdam: 010 Uitgeverij, 2001.

［63］ Lowenthal D. Past Time, Present Place: Landscape and Memory ［J］. Geographical Review, 1975, 65（1）: 1-36.

［64］ MacCannell D. Staged Authenticity: Arrangements of Social Space in Tourist Settings ［J］. American Journal of Sociology, 1973, 79（3）: 589-603.

［65］ MacCannell D. The Tourist: A New Theory of the Leisure Class ［M］. New York: Schocken Books Inc. , 1976.

［66］ Maoz D. The Mutual Gaze ［J］. Annals of Tourism Research, 2006, 33（1）: 221-239.

［67］ Massey D. A Global Sense of Place ［M］. Minneapolis: University of Minnesota Press, 1994.

［68］ Massey D. Space, Place, and Gender ［M］. Cambridge: Polity Press, 1994.

［69］ Mathy S. Urban and Rural Policies and the Climate Change Issue: The French Experience of Governance ［J］. Environmental Sciences, 2007, 4（3）: 159-169.

［70］ Matthews R, Selman P. Landscape as a Focus for Integrating Human and Environmental Processes ［J］. Journal of Agricultural Economics, 2006, 57 (2): 199-212.

［71］ Milman A, Pizam A. Social Impacts of Tourism on Central Florida ［J］. Annals of Tourism Research, 1988, 15 (2): 191-204.

［72］ Mitchell D. The Lure of the Local: Landscape Studies at the End of a Troubled Century ［J］. Progress in Human Geography, 2001, 25 (2): 269-281.

［73］ Montero G C. Tourism, Cultural Heritage and Regional Identities in the Isle of Spice ［J］. Journal of Tourism and Cultural Change, 2015, 13 (1): 1-21.

［74］ Murdoch J, Pratt A C. Rural Studies: Modernism, Postmodernism and the "Post-Rural" ［J］. Journal of Rural Studies, 1993, 9 (4): 411-427.

［75］ Muresan I C, Oroian C F, Harun R, et al. Local Residents' Attitude toward Sustainable Rural Tourism Development ［J］. Sustainability, 2016, 8 (1): 100.

［76］ Murphy P E. Tourism as an Agent for Landscape Conservation: An Assessment ［J］. Science of the Total Environment, 1986 (55): 387-395.

［77］ Nassauer J I. Landscape as Medium and Method for Synthesis in Urban Ecological Design ［J］. Landscape and Urban Planning, 2012, 106 (3): 221-229.

［78］ Naveh Z. Interactions of Landscapes and Cultures ［J］. Landscape and Urban Planning, 1995, 32 (1): 43-54.

［79］ Nooripoor M, Khosrowjerdi M, Rastegari H, et al. The Role of Tourism in Rural Development: Evidence from Iran ［J］. GeoJournal, 2021 (86): 1705-1719.

［80］ Oakes T. Place and the Paradox of Modernity ［J］. Annals of the Association of American Geographers, 1997, 87 (3): 509-531.

［81］ Olwig K R. Landscape Nature and the Body Politic: From Britain's Renaissance to America's New World ［M］. Madison: University of Wisconsin Press, 2002.

［82］ Olwig K R. The Practice of Landscape "Conventions" and the Just Landscape: The Case of the European Landscape Convention ［J］. Landscape Research, 2007, 32 (5): 579-594.

［83］ Oppermann M. Rural Tourism in Southern Germany ［J］. Annals of Tourism Research, 1996, 23 (1): 86-102.

［84］ Palang H, Fry G. Landscape Interfaces: Cultural Heritage in Changing

Landscapes [M]. Dordrecht: Kluwer Academic Publishers, 2003.

[85] Pannell S. Reconciling Nature and Culture in a Global Context: Lessons from the World Heritage List [M]. Cairns: Cooperative Research Centre for Tropical Rainforest Ecology and Management. Rainforest CRC, 2006.

[86] Park D-B, Yoon Y-S. Segmentation by Motivation in Rural Tourism: A Korean Case Study [J]. Tourism Management, 2009, 30 (1): 99-108.

[87] Pato L, Kastenholz E. Marketing of Rural Tourism-A Study Based on Rural Tourism Lodgings in Portugal [J]. Journal of Place Management and Development, 2017, 10 (2): 121-139.

[88] Petrou A, Pantziou E F, Dimara E, et al. Resources and Activities Complementarities: The Role of Business Networks in the Provision of Integrated Rural Tourism [J]. Tourism Geographies, 2007, 9 (4): 421-440.

[89] Pine B J, Gilmore J H. Welcome to the Experience Economy [J]. Harward Business Review, 1998 (7-8): 97-105.

[90] Pizam A, Neumann Y, Reichel A. Dimentions of Tourist Satisfaction with a Destination Area [J]. Annals of Tourism Research, 1978, 5 (3): 314-322.

[91] Proshansky H M, Fabian A K, Kaminoff R. Place-Identity: Physical World Socialization of the Self [J]. Journal of Environmental Psychology, 1983, 3 (1): 57-83.

[92] Rasoolimanesh S M, Ringle C M, Jaafar M, et al. Urban vs. Rural Destinations: Residents' Perceptions, Community Participation and Support for Tourism Development [J]. Tourism Management, 2017 (60): 147-158.

[93] Reichel A, Lowengart O, Milman A. Rural Tourism in Israel: Service Quality and Orientation [J]. Tourism Management, 2000, 21 (5): 451-459.

[94] Reisinger Y, Steiner C J. Reconceptualizing Object Authenticity [J]. Annals of Tourism Research, 2006, 33 (1): 65-86.

[95] Relph E. Geographical Experiences and Being-in-the-World: The Phenomenological Origins of Geography [M] // Seamon D, Mugerauer R. Dwelling, Place and Environment: Towards a Phenomenology of Person and World. Dordrecht: Springer, 1985: 15-31.

[96] Relph E. Place and Placelessness [M]. London: Pion, 1976.

［97］ Robertson I, Richards P. Studying Cultural Landscapes ［M］. London: Edward Arnold Publishers Ltd. , 2003.

［98］ Robertson R. Globalization: Social Theory and Global Culture ［M］. London: SAGE Publications, 2000.

［99］ Said E W. Orientalism ［M］. New York: Vintage, 1979.

［100］ Sarbin T R. If These Walls Could Talk: Places as Stages for Human Drama ［J］. Journal of Constructivist Psychology, 2005, 18 (3): 203-214.

［101］ Saxena G, Ilbery B. Integrated Rural Tourism a Border Case Study ［J］. Annals of Tourism Research, 2008, 35 (1): 233-254.

［102］ Shaw G, Williams A M. Critical Issues in Tourism: A Geographical Perspective ［M］. Oxford: Blackwell, 1994.

［103］ Shaw G, Williams A M. Tourism and Tourism Spaces ［M］. London: SAGE Publications, 2004.

［104］ Sibley D. Geography and Psychoanalysis: Tensions and Possibilities ［J］. Social & Cultural Geography, 2003, 4 (3): 391-399.

［105］ Sofield T, De Lacy T, Lipman G, et al. Sustainable Tourism-Eliminating Poverty: An Overview ［M］. Gold Coast: CRC for Sustainable Tourism, 2004.

［106］ Soja E W. Thirdspace: Journeys to Los Angeles and Other Real-and-Imagined Places ［M］. Oxford: Blackwell, 1996.

［107］ Stedman R C. Understanding Place Attachment among Second Home Owners ［J］. American Behavioral Scientist, 2006, 50 (2): 187-205.

［108］ Steele F. The Sense of Place ［M］. Boston: CBI Publishing Company, 1981.

［109］ Sternberg E. The Iconography of the Tourism Experience ［J］. Annals of Tourism Research, 1997, 24 (4): 951-969.

［110］ Stokowski P A. Languages of Place and Discourses of Power: Constructing New Senses of Place ［J］. Journal of Leisure Research, 2002, 34 (4): 368-382.

［111］ Swarbrooke J, Page S J. Development and Management of Visitor Attractions (Second Edition) ［M］. London: Routledge, 2012.

［112］ Taylor J P. Authenticity and Sincerity in Tourism ［J］. Annals of Tourism Research, 2001, 28 (1): 7-26.

［113］ Thomas P. Conspicuous Construction: Houses, Consumption and "Relocalization" in Manambondro, Southeast Madagascar [J]. The Journal of the Royal Anthropological Institute, 1998 (4): 425-446.

[114] Tribe J. Tribes, Territories and Networks in the Tourism Academy [J]. Annals of Tourism Research, 2010, 37 (1): 7-33.

[115] Tuan Y-F. Geography, Phenomenology, and the Study of Human Nature [J]. Canadian Geographies, 1971, 15 (3): 181-192.

[116] Tuan Y-F. Humanistic Geography [J]. Annals of the Association of American Geographers, 1976, 66 (2): 266-276.

[117] Tuan Y-F. Space and Place: Humanistic Perspective [M] // Gale S, Olsson G. Philosophy in Geography. Dordrecht: Springer, 1979: 387-427.

[118] Tuan Y-F. Space and Place: Humanistic Perspective [M] // Rogers A, Agnew J A, Livingstone D J. Human Geography: An Essential Anthology. Oxford: Wiley-Blackwell, 1996: 444-457.

[119] Tuan Y-F. Space and Place: The Perspective of Experience [M]. Minneapolis: University of Minnesota Press, 1977.

[120] Tuan Y-F. Topophilia: A Study of Environmental Perception, Attitudes and Values [M]. Englewood Cliffs: Prentice-Hall, 1974.

[121] Urquijo P S, Bocco G, Boni-Noguez A F. New Rurality and the Experience of Place: The Small Rural Locality of La Niña, Buenos Aires, Argentina [J]. GeoJournal, 2018 (83): 1301-1315.

[122] Urry J, Larsen J. The Tourist Gaze 3.0 [M]. London: SAGE Publications, 2011.

[123] Urry J. Consuming Places [M]. London: Routledge, 1995.

[124] Urry J. Mobilities [M]. Cambridge: Polity Press, 2007.

[125] Waitt G. Consuming Heritage: Perceived Historical Authenticity [J]. Annals of Tourism Research, 2000, 27 (4): 835-862.

[126] Wang N. Rethinking Authenticity in Tourism Experience [J]. Annals of Tourism Research, 1999, 26 (2): 349-370.

[127] Wang N. Tourism and Modernity: A Sociological Analysis [M]. Oxford: Pergamon Press, 2000.

[128] Wascher D M. European Landscape Character Areas: Typologies, Cartography

and Indicators for the Assessment of Sustainable Landscapes [R]. Wageningen: Landscape Europe, 2005.

[129] Welteji D. A Critical Review of Rural Development Policy of Ethiopia: Access, Utilization and Coverage [J]. Agriculture & Food Security, 2018, 7 (1): 55.

[130] Williams D R, Patterson M E, Roggenbuck J W, et al. Beyond the Commodity Metaphor: Examining Emotional and Symbolic Attachment to Place [J]. Leisure Sciences, 1992, 14 (1): 29-46.

[131] Williams D R, Roggenbuck J W. Measuring Place Attachment: Some Preliminary Results [C]. San Antonio: NRPA Symposium on Leisure Research, 1989.

[132] Williams D R, Vaske J J. The Measurement of Place Attachment: Validity and Generalizability of a Psychometric Approach [J]. Forest Science, 2003, 49 (6): 830-840.

[133] Wilson G A. From Productivism to Post-Productivism... and Back Again? Exploring the (Un) changed Natural and Mental Landscapes of European Agriculture [J]. Transactions of the Institute of British Geographers, 2001, 26 (1): 77-102.

[134] Woods M. Engaging the Global Countryside: Globalization, Hybridity and the Reconstitution of Rural Place [J]. Progress in Human Geography, 2007, 31 (4): 485-507.

[135] Woods M. Performing Rurality and Practising Rural Geography [J]. Progress in Human Geography, 2010, 34 (6): 835-846.

[136] Wright J K. Terrae Incognitae: The Place of the Imagination in Geography [J]. Annals of the Association of American Geographers, 1947, 37 (1): 1-15.

[137] Wu F. The Global and Local Dimensions of Place-Making: Remaking Shanghai as a World City [J]. Urban Studies, 2000, 37 (8): 1359-1377.

[138] Wylie J. Landscape [M]. London: Routledge, 2007.

[139] Xie P F, Osumare H, Ibrahim A. Gazing the Hood: Hip-Hop as Tourism Attraction [J]. Tourism Management, 2007, 28 (2): 452-460.

[140] Zasada I, Weltin M, Reutter M, et al. EU's Rural Development Policy at the Regional Level—Are Expenditures for Natural Capital Linked with Territorial Needs? [J]. Land Use Policy, 2018 (77): 344-353.

[141] Zukin S. The Cultures of Cities [M]. Oxford: Wiley-Blackwell, 1996.

［142］阿斯曼．回忆空间：文化记忆的形式和变迁［M］．潘璐，译．北京：北京大学出版社，2016.

［143］巴什拉．空间的诗学［M］．张逸婧，译．上海：上海译文出版社，2008.

［144］包乌兰托亚，高乐华．基于IRT框架的乡村旅游协同发展机制研究——以山东省典型村为例［J］．农业现代化研究，2021，42（5）：815-826.

［145］鲍德里亚．消费社会［M］．刘成富，金志钢，译．南京：南京大学出版社，2000.

［146］鲍梓婷．景观作为存在的表征及管理可持续发展的新工具［D］．华南理工大学博士学位论文，2016.

［147］贝克．地理学与历史学：跨越楚河汉界［M］．阙维民，译．北京：商务印书馆，2007.

［148］贝文．记忆的毁灭：战争中的建筑［M］．魏欣，译．北京：生活·读书·新知三联书店，2010.

［149］柄谷行人．作为隐喻的建筑［M］．应杰，译．北京：中央编译出版社，2010.

［150］伯格．观看之道［M］．戴行钺，译．桂林：广西师范大学出版社，2005.

［151］陈晓亮，蔡晓梅，朱竑．基于"地方场域"视角的中国旅游研究反思［J］．地理研究，2019，38（11）：2578-2594.

［152］陈燕纯，杨忍，王敏．基于行动者网络和共享经济视角的乡村民宿发展及空间重构——以深圳官湖村为例［J］．地理科学进展，2018，37（5）：718-730.

［153］达比．风景与认同：英国民族与阶级地理［M］．张箭飞，赵红英，译．南京：译林出版社，2018.

［154］笪玲，刘晓鹰．相对剥夺视角下乡村旅游扶贫研究——以贵州兴义万峰林社区为例［J］．地域研究与开发，2019，38（2）：124-128.

［155］德波．景观社会［M］．王昭风，译．南京：南京大学出版社，2006.

［156］邓运员，申秀英，刘沛林．GIS支持下的传统聚落景观管理模式［J］．经济地理，2006（4）：693-697.

［157］翟向坤，郭凌，张晓，等．旅游空间生产语境下的乡村文化景观失忆与重构研究——以成都市红砂村乡村旅游发展为例［J］．湖北民族学院学报（哲

学社会科学版），2017，35（2）：101-105.

［158］董文静，王昌森，张震．山东省乡村振兴与乡村旅游时空耦合研究［J］．地理科学，2020，40（4）：628-636.

［159］杜江，向萍．关于乡村旅游可持续发展的思考［J］．旅游学刊，1999（1）：15-18+73.

［160］段义孚．空间与地方：经验的视角［M］．王志标，译．北京：中国人民大学出版社，2017.

［161］樊义红．从本质的认同论到建构的认同论［J］．武汉科技大学学报（社会科学版），2012，14（2）：224-228.

［162］范佳慧．平遥古城文化景观空间生产的特征与机制［C］//中国城市科学研究会，江苏省住房和城乡建设厅，苏州市人民政府．2018城市发展与规划论文集．同济大学建筑与城市规划学院，2018：6.

［163］范建红，魏成，李松志．乡村景观的概念内涵与发展研究［J］．热带地理，2009，29（3）：285-289+306.

［164］范建红，张弢，雷汝林．国外景观地理学发展的回顾与展望［J］．世界地理研究，2007（1）：83-89.

［165］范学刚，朱竑．西方乡村性研究进展［J］．热带地理，2016，36（3）：503-512.

［166］弗里曼．战略管理：利益相关者方法［M］．王彦华，梁豪，译．上海：上海译文出版社，2006.

［167］Govers R，桂颖．目的地品牌，还是地方品牌？［J］．旅游学刊，2013，28（1）：15-18.

［168］高璟，吴必虎，赵之枫．基于文化地理学视角的传统村落旅游活化可持续路径模型建构［J］．地域研究与开发，2020，39（4）：73-78.

［169］高楠，张新成，王琳艳．中国乡村旅游公共服务水平时空格局与形成机理［J］．地理科学，2021，41（2）：252-260.

［170］顾杰，王建弟，周斌，等．三维GIS技术在景观规划设计中的应用——以杭州"西湖西进"后景观区域为例［J］．地域研究与开发，2003（5）：10-13.

［171］郭启全，高春东，郝蒙蒙，等．发展网络空间可视化技术支撑网络安全综合防控体系建设［J］．中国科学院院刊，2020，35（7）：917-924.

［172］郭伟锋，郑向敏，王中华．诗意栖居与旅游地的文化空间形象［J］．河南师范大学学报（哲学社会科学版），2019，46（6）：139-144.

［173］郭文，黄震方．基于场域理论的文化遗产旅游地多维空间生产研究——以江南水乡周庄古镇为例［J］．人文地理，2013，28（2）：117-124.

［174］郭文，黄震方．乡村旅游开发背景下社区权能发展研究——基于对云南傣族园和雨崩社区两种典型案例的调查［J］．旅游学刊，2011，26（12）：83-92.

［175］郭文．空间意义的叠写与地方认同——中国最后一个原始部落翁丁案例［J］．地理研究，2020，39（11）：2449-2465.

［176］郭远智，刘彦随．中国乡村发展进程与乡村振兴路径［J］．地理学报，2021，76（6）：1408-1421.

［177］郭远智，周扬，刘彦随．贫困地区的精准扶贫与乡村振兴：内在逻辑与实现机制［J］．地理研究，2019，38（12）：2819-2832.

［178］国家旅游局计划统计司．旅游业可持续发展：地方旅游规划指南［M］．北京：旅游教育出版社，1997.

［179］海德格尔．演讲与论文集［M］．孙周兴，译．北京：生活·读书·新知三联书店，2005.

［180］韩成艳．从学术上拯救"原生态"和"本真性"概念［J］．广西民族大学学报（哲学社会科学版），2015，37（6）：86-91.

［181］韩非，蔡建明，刘军萍．大都市郊区乡村旅游地发展的驱动力分析——以北京市为例［J］．干旱区资源与环境，2010，24（11）：195-200.

［182］何景明．国外乡村旅游研究述评［J］．旅游学刊，2003（1）：76-80.

［183］黄和平，孙晓东，邝振华，等．古镇乡村旅游发展的获得感评价与影响机制——基于上海朱家角、港西、周浦的实证分析［J］．经济地理，2020，40（9）：233-240.

［184］黄玖琴．政府作用、游客体验与乡村旅游发展绩效——以贵州省为例［J］．社会科学家，2021（3）：64-69.

［185］黄伟先，许科．诗意栖居：城市生态美的哲学思考［J］．理论月刊，2014（11）：45-48.

［186］黄渊基，匡立波，贺正楚．武陵山片区生态文化旅游扶贫路径探索——以湖南省慈利县为例［J］．经济地理，2017，37（3）：218-224.

［187］黄震方，黄睿．城镇化与旅游发展背景下的乡村文化研究：学术争鸣与研究方向［J］．地理研究，2018，37（2）：233-249.

［188］黄震方，黄睿．基于人地关系的旅游地理学理论透视与学术创新［J］．地理研究，2015，34（1）：15-26.

［189］贾衍菊，李昂，刘瑞，等．乡村旅游地居民政府信任对旅游发展支持度的影响——地方依恋的调节效应［J］．中国人口·资源与环境，2021，31（3）：171-183.

［190］凯尔纳．鲍德里亚：批判性的读本［M］．陈维振，陈明达，王峰，译．南京：江苏人民出版社，2004.

［191］克朗．文化地理学［M］．王志弘，余佳玲，方淑慧，译．台北：巨流图书公司，2003.

［192］克雷斯维尔．地方：记忆、想象与认同［M］．徐苔玲，王志弘，译．台北：群学出版社有限公司，2006.

［193］孔翔，卓方勇．文化景观对建构地方集体记忆的影响——以徽州呈坎古村为例［J］．地理科学，2017，37（1）：110-117.

［194］拉普卜特．建成环境的意义——非语言表达方法［M］．黄兰谷，译．北京：中国建筑工业出版社，2003.

［195］劳维，彼得逊．社会行为地理：综合人文地理学［M］．赫维人，译．成都：四川科学技术出版社，1989.

［196］黎洁，党佩英，任林静．乡村旅游对贫困山区农户多维贫困的影响研究［J］．人文地理，2020，35（6）：122-131.

［197］李伯华，李雪，陈新新，等．新型城镇化背景下特色旅游小镇建设的双轮驱动机制研究［J］．地理科学进展，2021，40（1）：40-49.

［198］李凡，朱竑，黄维．从地理学视角看城市历史文化景观集体记忆的研究［J］．人文地理，2010，25（4）：60-66.

［199］李红波，张小林．国外乡村聚落地理研究进展及近今趋势［J］．人文地理，2012，27（4）：103-108.

［200］李凯，王振振，刘涛．西南连片特困地区乡村旅游的减贫效应分析——基于广西235个村庄的调查［J］．人文地理，2020，35（6）：115-121.

［201］李倩菁，蔡晓梅．新文化地理学视角下景观研究综述与展望［J］．人文地理，2017，32（1）：23-28+98.

［202］李涛．中国乡村旅游投资发展过程及其主体特征演化［J］．中国农村观察，2018（4）：132-144．

［203］李炎．论文化经济与时间空间的现代流变——与胡惠林教授商榷［J］．探索与争鸣，2013（9）：32-37．

［204］李泽厚．美的历程［M］．北京：文物出版社，1981．

［205］李志龙．乡村振兴—乡村旅游系统耦合机制与协调发展研究——以湖南凤凰县为例［J］．地理研究，2019，38（3）：643-654．

［206］李忠友．生态文化及当代价值研究［D］．吉林大学博士学位论文，2016．

［207］廖福霖．生态文明学［M］．北京：中国林业出版社，2012．

［208］列斐伏尔．空间与政治（第二版）［M］．李春，译．上海：上海人民出版社，2008．

［209］列斐伏尔．空间：社会产物与使用价值［M］／／包亚明．现代性与空间的生产．上海：上海教育出版社，2002：48．

［210］林刚，石培基．关于乡村旅游概念的认识——基于对20个乡村旅游概念的定量分析［J］．开发研究，2006（6）：72-74．

［211］林箐．乡村景观的价值与可持续发展途径［J］．风景园林，2016（8）：27-37．

［212］刘滨谊，王云才．论中国乡村景观评价的理论基础与指标体系［J］．中国园林，2002（5）：77-80．

［213］刘丹萍．旅游凝视：从福柯到厄里［J］．旅游学刊，2007（6）：91-95．

［214］刘德谦．关于乡村旅游、农业旅游与民俗旅游的几点辨析［J］．旅游学刊，2006（3）：12-19．

［215］刘珩．原生态文化的社会诗学观念［J］．北方民族大学学报（哲学社会科学版），2015（1）：62-65．

［216］刘宏芳，明庆忠，鲁芬．旅游地景与地方的关联机理初探——基于空间与文化的交汇视角［J］．人文地理，2014，29（5）：134-141．

［217］刘沛林．家园的景观与基因：传统聚落景观基因图谱的深层解读［M］．北京：商务印书馆，2014．

［218］刘颂，陈长虹．日本《景观法》对我国城市景观建设管理的启示

［J］.国际城市规划，2010，25（2）：101-105.

［219］刘相军，孙九霞.民族旅游社区居民生计方式转型与传统文化适应：基于个人建构理论视角［J］.旅游学刊，2019，34（2）：16-28.

［220］刘相军，张士琴，孙九霞.地方性知识对民族旅游村寨自然环境的治理实践［J］.旅游学刊，2021，36（7）：27-42.

［221］刘宣，王小依.行动者网络理论在人文地理领域应用研究述评［J］.地理科学进展，2013，32（7）：1139-1147.

［222］刘彦随，严镔，王艳飞.新时期中国城乡发展的主要问题与转型对策［J］.经济地理，2016，36（7）：1-8.

［223］刘彦随，周扬，李玉恒.中国乡村地域系统与乡村振兴战略［J］.地理学报，2019，74（12）：2511-2528.

［224］刘彦随.中国新时代城乡融合与乡村振兴［J］.地理学报，2018，73（4）：637-650.

［225］刘扬.列斐伏尔空间文化批判理论述略［J］.西南民族大学学报（人文社会科学版），2016，37（6）：175-180.

［226］刘阳，赵振斌，李小永.基于PPGIS的乡村旅游社区景观价值变化研究——以丽江束河古镇为例［J］.地理科学，2021，41（2）：328-339.

［227］刘玉，郑国楠.城乡结合部功能定位与规划管理国际经验［J］.国际城市规划，2014，29（4）：33-38+51.

［228］刘志敏，叶超.社会—生态韧性视角下城乡治理的逻辑框架［J］.地理科学进展，2021，40（1）：95-103.

［229］龙花楼.论土地整治与乡村空间重构［J］.地理学报，2013，68（8）：1019-1028.

［230］龙井然，杜姗姗，张景秋.文旅融合导向下的乡村振兴发展机制与模式［J］.经济地理，2021，41（7）：222-230.

［231］卢松，周小凤，张小军，等.旅游驱动下的传统村落城镇化研究——以世界文化遗产宏村为例［J］.热带地理，2017，37（3）：293-303.

［232］罗涛，林宇晨，克里斯蒂娜·冯·哈伦，等.德国景观规划的价值逻辑、法律框架及启示［J］.景观设计学，2020，8（1）：10-25.

［233］罗文斌，雷洁琼.基于IPA方法的乡村旅游景观质量评价研究——以长沙市为例［J］.湖南社会科学，2020（4）：91-98.

［234］麻学锋，张世兵，龙茂兴．旅游产业融合路径分析［J］．经济地理，2010，30（4）：678-681．

［235］马波．旅游场域的扩张：边界与政策含义［J］．旅游学刊，2016，31（9）：17-20．

［236］马东艳．文化原真性、地方依恋与旅游支持度的关系——基于民族旅游村寨居民视角的实证研究［J］．社会科学家，2020（7）：51-56．

［237］马克·安托罗普，袁琳．从整体的地景综合到跨学科的地景管理［J］．风景园林，2010（1）：74-80．

［238］马世发，黄宏源，蔡玉梅，等．基于三生功能优化的国土空间综合分区理论框架［J］．中国国土资源经济，2014，27（11）：31-34．

［239］马勇，童昀．从区域到场域：文化和旅游关系的再认识［J］．旅游学刊，2019，34（4）：7-9．

［240］马勇，赵蕾，宋鸿，等．中国乡村旅游发展路径及模式——以成都乡村旅游发展模式为例［J］．经济地理，2007（2）：336-339．

［241］孟航．原生态文化的圈层界定和未来前瞻［J］．学术探索，2013（3）：131-135．

［242］孟凯，李佳宾，陈险峰，等．乡村旅游地发展过程中"公地悲剧"的演化与治理［J］．旅游学刊，2018，33（8）：19-28．

［243］米切尔．风景与权力［M］．杨丽，万信琼，译．南京：译林出版社，2014．

［244］明庆忠，段超．基于空间生产理论的古镇旅游景观空间重构［J］．云南师范大学学报（哲学社会科学版），2014，46（1）：42-48．

［245］牛亚菲．可持续旅游、生态旅游及实施方案［J］．地理研究，1999（2）：68-73．

［246］彭淑贞，吕臣．共生理论嵌入乡村旅游生态系统创新研究［J］．科研管理，2020，41（12）：60-69．

［247］彭泽军．云南藏区旅游开发中的社区居民参与考察——以雨崩、洛茸藏族村为例［J］．贵州民族研究，2017，38（9）：182-185．

［248］普荣，白海霞．生态敏感旅游地和旅游者互动影响与协调——以梅里雪山雨崩村为例［J］．地域研究与开发，2012，31（3）：121-125．

［249］祁毓，卢洪友．"环境贫困陷阱"发生机理与中国环境拐点［J］．中

国人口·资源与环境，2015，25（10）：71-78.

［250］曲颖，曹李梅，杨琦．旅游目的地依恋维度的建构与解构［J］．人文地理，2020，35（4）：154-160.

［251］屈学书，矫丽会．乡村振兴背景下乡村旅游产业升级路径研究［J］．经济问题，2020（12）：108-113.

［252］荣慧芳，陶卓民．基于网络数据的乡村旅游热点识别及成因分析——以江苏省为例［J］．自然资源学报，2020，35（12）：2848-2861.

［253］沙玛．风景与记忆［M］．胡淑陈，冯樨，译．南京：译林出版社，2013.

［254］盛婷婷，杨钊．国外地方感研究进展与启示［J］．人文地理，2015，30（4）：11-17+115.

［255］斯蒂芬·布朗，庄优波．新西兰景观规划［J］．中国园林，2013，29（1）：12-17.

［256］斯那都居，扎西邓珠．圣地卡瓦格博秘籍［M］．昆明：云南民族出版社，2007.

［257］宋秀葵．段义孚人文主义地理学生态文化思想研究［D］．山东大学博士学位论文，2011.

［258］苏勤，钱树伟．世界遗产地旅游者地方感影响关系及机理分析——以苏州古典园林为例［J］．地理学报，2012，67（8）：1137-1148.

［259］孙佼佼，谢彦君．从权力在场到审美在场：旅游体验视角下场所精神的变迁——以陕西省兴平市汉武帝茂陵为例［J］．人文地理，2017，32（2）：129-136.

［260］孙婧雯，马远军，王振波，等．基于锁定效应的乡村旅游产业振兴路径［J］．地理科学进展，2020，39（6）：1037-1046.

［261］孙九霞，黄凯洁，王学基．基于地方实践的旅游发展与乡村振兴：逻辑与案例［J］．旅游学刊，2020，35（3）：39-49.

［262］孙九霞，刘相军．地方性知识视角下的传统文化传承与自然环境保护研究——以雨崩藏族旅游村寨为例［J］．中南民族大学学报（人文社会科学版），2014，34（6）：71-77.

［263］孙九霞，刘相军．生计方式变迁对民族旅游村寨自然环境的影响——以雨崩村为例［J］．广西民族大学学报（哲学社会科学版），2015，37（3）：

78-85.

　　［264］孙九霞，王学基．城乡循环修复：乡村旅游建构新型城乡关系的框架与议题［J］．西南民族大学学报（人文社会科学版），2021，42（1）：25-32.

　　［265］孙九霞，周一．日常生活视野中的旅游社区空间再生产研究——基于列斐伏尔与德塞图的理论视角［J］．地理学报，2014，69（10）：1575-1589.

　　［266］孙九霞．旅游循环凝视与乡村文化修复［J］．旅游学刊，2019，34（6）：1-4.

　　［267］孙九霞．作为一种"社会形式"的旅游："地方"视角［J］．旅游学刊，2017，32（12）：12-14.

　　［268］谭海波，蔡立辉．论"碎片化"政府管理模式及其改革路径——"整体型政府"的分析视角［J］．社会科学，2010（8）：12-18+187.

　　［269］唐文跃．皖南古村落居民地方依恋特征分析——以西递、宏村、南屏为例［J］．人文地理，2011，26（3）：51-55.

　　［270］唐献玲．基于共生理论的乡村旅游利益冲突与治理机制［J］．社会科学家，2020（10）：41-47.

　　［271］陶伟，汤静雯，田银生．西方历史城镇景观保护与管理：康泽恩流派的理论与实践［J］．国际城市规划，2010，25（5）：108-114.

　　［272］滕明君，周志翔，王鹏程，等．基于RS/GIS的武汉市九峰城市森林保护区景观结构特征及规划对策［J］．长江流域资源与环境，2010，19（1）：79-85.

　　［273］屠爽爽，龙花楼，李婷婷，等．中国村镇建设和农村发展的机理与模式研究［J］．经济地理，2015，35（12）：141-147+160.

　　［274］汪芳，吕舟，张兵，等．迁移中的记忆与乡愁：城乡记忆的演变机制和空间逻辑［J］．地理研究，2017，36（1）：3-25.

　　［275］王华，梁舒婷．乡村旅游地空间生产与村民角色转型的过程与机制——以丹霞山瑶塘村为例［J］．人文地理，2020，35（3）：131-139.

　　［276］王慧．乡村旅游地可持续发展的实现进路［J］．重庆社会科学，2018（5）：105-111.

　　［277］王金伟，张丽艳，李明龙．国际乡村旅游研究的学术脉络与前沿热点［J］．西南民族大学学报（人文社会科学版），2021，42（3）：224-231.

　　［278］王敏，马纯莉，朱竑．"互联网+"时代下的乡村地方品牌建构——

以从化市良口镇三村为例［J］. 经济地理，2017，37（1）：115-122.

［279］王庆生，张行发，郭静. 基于共生理论的乡村旅游精准扶贫模式和路径优化研究——以山东省沂南县竹泉村为例［J］. 地域研究与开发，2019，38（3）：108-112.

［280］王少华. 洛阳白云山旅游区乡村聚落格局演变与机理研究［J］. 地域研究与开发，2019，38（2）：117-123.

［281］王维艳，李宏，沈琼. 乡村社区旅游空间不正义及其"住改商"制度症结——波兰尼嵌入性视角下的西江苗寨实证研究［J］. 人文地理，2020，35（5）：77-84.

［282］王云才. 现代乡村景观旅游规划设计［M］. 青岛：青岛出版社，2003.

［283］王子侨，石翠萍，蒋维，等. 社会—生态系统体制转换视角下的黄土高原乡村转型发展——以长武县洪家镇为例［J］. 地理研究，2016，35（8）：1510-1524.

［284］翁时秀，杨继荣. 领域化理论视角下的乡村旅游社区社会空间变迁——以丹霞山青湖塘村为例［J］. 地理科学进展，2020，39（7）：1149-1159.

［285］吴必虎，王梦婷. 遗产活化、原址价值与呈现方式［J］. 旅游学刊，2018，33（9）：3-5.

［286］吴必虎. 基于乡村旅游的传统村落保护与活化［J］. 社会科学家，2016（2）：7-9.

［287］吴传钧. 中国农业与农村经济可持续发展问题：不同类型地区实证研究［M］. 北京：中国环境科学出版社，2001.

［288］吴孔森，芮旸，陈佳，等. 旅游驱动下乡村转型发展的微尺度研究——以西安市上王村为例［J］. 地理科学进展，2020，39（6）：1047-1059.

［289］吴明冬，姜传银，韩玉姬. 从原生态至生态文明：少数民族体育发展的生态历程与辩证复归［J］. 贵州民族研究，2017，38（9）：134-137.

［290］吴启焰，王兆杰. 布尔迪厄的文化资本理论在旅游规划中的应用［J］. 人文地理，2011，26（1）：113-117.

［291］吴威，尚晓倩. GIS 在不同尺度景观规划中的应用［J］. 中国农学通报，2012，28（22）：312-316.

［292］吴志才，张凌媛，郑钟强，等. 旅游场域中古城旅游社区的空间生产

研究——基于列斐伏尔的空间生产理论视角［J］.旅游学刊，2019，34（12）：86-97.

［293］席建超，王首琨，张瑞英.旅游乡村聚落"生产—生活—生态"空间重构与优化——河北野三坡旅游区苟各庄村的案例实证［J］.自然资源学报，2016，31（3）：425-435.

［294］席建超，王新歌，孔钦钦，等.旅游地乡村聚落演变与土地利用模式——野三坡旅游区三个旅游村落案例研究［J］.地理学报，2014，69（4）：531-540.

［295］向延平.乡村旅游驱动乡村振兴内在机理与动力机制研究［J］.湖南社会科学，2021（2）：41-47.

［296］肖笃宁，钟林生.景观分类与评价的生态原则［J］.应用生态学报，1998（2）：217-221.

［297］肖禾，张茜，李良涛，等.不同地区小尺度乡村景观变化的对比分析［J］.资源科学，2013，35（8）：1685-1692.

［298］肖黎明，王彦君，郭瑞雅.乡愁视域下乡村旅游高质量发展的空间差异及演变——基于黄河流域的检验［J］.旅游学刊，2021，36（11）：13-25.

［299］谢小芹.制造景观——基于黔东南州少数民族乡村旅游实践的叙事［D］.中国农业大学博士学位论文，2015.

［300］熊星，唐晓岚，刘澜，等.风景名胜区乡村文化景观管理数据库平台建构策略［J］.南京林业大学学报（自然科学版），2017，41（5）：99-106.

［301］徐冬，黄震方，洪学婷，等.乡村旅游地文化胁迫类型、格局与机理研究——以苏州东山镇为例［J］.地理研究，2020，39（10）：2249-2267.

［302］徐刚.贵州乡村旅游可持续发展的困境及破解——以安顺天龙屯堡为例［J］.贵州社会科学，2014（8）：116-118.

［303］徐红罡，任燕.旅游对纳西东巴文语言景观的影响［J］.旅游学刊，2015，30（1）：102-111.

［304］徐杰舜，梁枢，郑杭生，等.原生态文化与中国传统［J］.广西民族大学学报（哲学社会科学版），2011，33（1）：2-13.

［305］许娟，程励.复杂性视角下乡村旅游地居民旅游满意度研究［J］.人文地理，2020，35（6）：149-160.

［306］严伟涛.统筹城乡视野的重庆旅游业发展［J］.重庆社会科学，2011

（4）：96-100.

[307] 阎景娟. 空间与景观：近年国产纪录片中的家园之思 [J]. 中国电视，2018（12）：77-81.

[308] 杨骏. 全球化进程中原生态文化的资源价值与本土重建——兼论民族旅游开发 [J]. 中央民族大学学报（哲学社会科学版），2015，42（5）：94-98.

[309] 杨明华. 东道主与游客关系中的中介力量作用探析——以丹巴县甲居藏寨为例 [J]. 旅游科学，2009，23（5）：8-14.

[310] 杨念群. "地方性知识"、"地方感"与"跨区域研究"的前景 [J]. 天津社会科学，2004（6）：119-125.

[311] 杨忍，刘彦随，龙花楼，等. 中国乡村转型重构研究进展与展望——逻辑主线与内容框架 [J]. 地理科学进展，2015，34（8）：1019-1030.

[312] 杨艳红，李根潮，蔡意茹，等. 天津智慧型生态文化旅游发展策略研究 [J]. 城市发展研究，2020，27（2）：18-23.

[313] 姚旻，赵爱梅，宁志中. 中国乡村旅游政策：基本特征、热点演变与"十四五"展望 [J]. 中国农村经济，2021（5）：2-17.

[314] 冶建明，贺明阳，袁家梁，等. 乡村旅游动机、旅游涉入与游后行为作用机制研究——以吐鲁番为例 [J]. 干旱区资源与环境，2021，35（7）：203-208.

[315] 叶舒宪. 想象的原生态 [J]. 中国民族，2011（1）：65.

[316] 殷洁，罗小龙. 资本、权力与空间："空间的生产"解析 [J]. 人文地理，2012，27（2）：12-16+11.

[317] 余润哲，张圆刚，余向洋. 乡村旅游地发展影响因素组态与路径研究——基于17个乡村案例地的定性比较分析 [J]. 经济地理，2021，41（9）：225-231.

[318] 袁超，孔翔，李鲁奇，等. 基于游客用户生成内容数据的传统村落形象感知——以徽州呈坎村为例 [J]. 经济地理，2020，40（8）：203-211.

[319] 约翰尼斯·穆勒，张阁，陈航.（重新）塑造景观：中国的人类干预景观遗产 [J]. 风景园林，2016（8）：16-26.

[320] 约翰斯顿. 人文地理学词典 [M]. 柴彦威，等，译. 北京：商务印书馆，2004.

[321] 张朝枝. 原真性理解：旅游与遗产保护视角的演变与差异 [J]. 旅游

科学，2008（1）：1-8+28.

［322］张郴，黄震方．旅游地三元空间交互理论模型建构［J］．地理研究，2020，39（2）：232-242.

［323］张宏梅，陆林，蔡利平，等．旅游目的地形象结构与游客行为意图——基于潜在消费者的本土化验证研究［J］．旅游科学，2011，25（1）：35-45.

［324］张捷，顾朝林，都金康，等．计算机网络信息空间（Cyberspace）的人文地理学研究进展与展望［J］．地理科学，2000（4）：368-374.

［325］张娟娟．地方文脉在乡村旅游开发中的应用研究［J］．农业经济，2017（10）：59-60.

［326］张林英，周永章，温春阳，等．生态城市建设的景观生态学思考［J］．生态科学，2005（3）：273-277.

［327］张凌云．非惯常环境：旅游核心概念的再研究——建构旅游学研究框架的一种尝试［J］．旅游学刊，2009，24（7）：12-17.

［328］张卫兵．生态文化在乡村旅游景观设计中的体现［J］．环境工程，2021，39（5）：39.

［329］张骁鸣．旅游与没有"历史"的村民：基于雨崩村研究的反思［J］．旅游学刊，2011，26（3）：62-69.

［330］张小林．乡村概念辨析［J］．地理学报，1998（4）：79-85.

［331］张圆刚，黄业坚，余向洋．乡村旅游政策变迁影响路径的组态视角研究——基于黄山案例地的定性比较分析［J］．地理科学进展，2021，40（3）：457-467.

［332］章戈，严力蛟．森林风景区景观生态规划研究现状与展望［J］．林业科学，2009，45（1）：144-151.

［333］甄峰．信息时代新空间形态研究［J］．地理科学进展，2004（3）：16-26.

［334］甄霖，谢高地，杨丽，等．基于参与式社区评估法的泾河流域景观管理问题分析［J］．中国人口·资源与环境，2007（3）：129-133.

［335］郑杭生．论"传统"的现代性变迁——一种社会学视野［J］．学习与实践，2012（1）：5-12+2.

［336］郑小玉，刘彦随．新时期中国"乡村病"的科学内涵、形成机制及

调控策略［J］. 人文地理，2018，33（2）：100-106.

［337］周坤，王进. 场域织补：旅游传统村落更新理论新议［J］. 人文地理，2020，35（4）：17-22.

［338］周坤. 地方资本：一个乡村旅游研究的新概念［J］. 四川师范大学学报（社会科学版），2019，46（6）：73-80.

［339］周宪. 现代性与视觉文化中的旅游凝视［J］. 天津社会科学，2008（1）：111-118.

［340］周小凤，张朝枝，蒋钦宇，等. 搬，还是不搬？——遗产化与旅游化情境下的社区居民搬迁研究［J］. 旅游学刊，2022，37（3）：83-95.

［341］周怡岑. 基于乡村振兴的我国乡村地域系统可持续发展研究［J］. 中国农业资源与区划，2021，42（9）：226-231.

［342］朱竑，钱俊希，陈晓亮. 地方与认同：欧美人文地理学对地方的再认识［J］. 人文地理，2010，25（6）：1-6.

［343］朱晓翔，乔家君. 乡村旅游社区可持续发展研究——基于空间生产理论三元辩证法视角的分析［J］. 经济地理，2020，40（8）：153-164.

［344］朱运海，曹诗图. 论乡村旅游的乡村性及其景观表达［J］. 湖湘论坛，2020，33（6）：134-143.

［345］邹统钎. 绿水青山与金山银山转化的乡村旅游机制探讨［J］. 旅游学刊，2020，35（10）：4-7.